EL PLACER DE QUE TODO TE IMPORTE
~~UNA MIERDA~~

EL PLACER DE QUE TODO TE IMPORTE ~~UNA MIERDA~~

David R. Hamilton

Cómo la amabilidad puede aliviar el estrés y llenarte de felicidad

Traducción de Gabriela Raidé

Urano

Argentina – Chile – Colombia – España
Estados Unidos – México – Perú – Uruguay

Título original: *The Joy of Actually Giving a F*ck*
Editor original: Hay House UK Ltd.
Traducción: Gabriela Raidé

1.ª edición: junio 2025

Copyright © 2024 David R. Hamilton PhD
© 2025 de la traducción *by* Gabriela Raidé
All Rights Reserved
© 2025 by Urano World Spain, S.A.U.
Plaza de los Reyes Magos, 8, piso 1.º C y D – 28007 Madrid
www.edicionesurano.com

ISBN: 978-84-18714-97-9
E-ISBN: 979-13-87557-35-5
Depósito legal: M-8991-2025

Fotocomposición: Urano World Spain, S.A.U.
Impreso por: Liberdúplex, S.L. – Ctra. BV 2249 Km 7,4
Polígono Industrial Torrentfondo – 08791 Sant Llorenç d'Hortons (Barcelona)

Impreso en España – *Printed in Spain*

A mi padre, Robert Hamilton
1943-2022

Índice

Introducción

¿Por qué deberían importarme las cosas? ¿Y qué cosas deberían importarme? Son preguntas milenarias.

Buda se planteó esas mismas cuestiones, solo que con palabras de su época. En los anales de la historia, nadie nunca escribió una canción sobre las virtudes de ser un imbécil. ¿Y qué hay de la amabilidad? Ha sido la estrella de cuentos, poemas, canciones y relatos desde siempre.

Para empezar, está bien ser amable. ¿Recuerdas aquella ocasión en la que le hiciste un cumplido al nuevo corte de pelo de tu amigo? ¡Bum! Acabas de añadir un toque de brillo a su día. La amabilidad tiene el poder mágico de transformar cielos grises en arcoíris de unicornios, cumplido a cumplido.

La amabilidad es la puntada en el tejido de la vida. Es el condimento en la sopa de la amistad. Sin ella, todos vamos por ahí con nuestros retazos de tela o llevando nuestras propias especias. Aceptémoslo, el mundo necesita que haya personas que ayuden a otras. Nos une a todos en la gran receta de la vida.

En este momento, algunos están pasando por momentos difíciles. Quizás tú seas uno de ellos. Entonces, ¿por qué no hacemos que nos importen los demás y vemos qué pasa? Tratemos de no ser demasiado duros con los demás, ya que nunca sabemos por lo que están pasando. Cambia esos comentarios negativos por vítores de «Sigue adelante».

¡Y qué bien sienta ser amable! ¿Por qué? Porque juega con la química de tu cerebro de maneras interesantes y te proporciona unas buenas dosis de hormonas de la felicidad. Es bueno para tu corazón y tu sistema inmunitario. Hasta puede reducir las arrugas. Sí, has oído bien. Hay estudios científicos que demuestran con exactitud cómo funciona.

¿Quién necesita Bótox cuando puedes ofrecerle palabras amables a un amigo, abrir algunas puertas o sonreír al dejarle pasar a alguien con el coche? ¡La clave es que sea genuino!

Siendo auténtico con tu amabilidad ganas algo así como puntos de karma de la naturaleza. Es como un saludo secreto que compartes con ella, por ser una superestrella de la cortesía. Pero si no eres genuino, bueno, la naturaleza lo sabe. No hay saludo.

Pensemos también en el efecto dominó. Le abres la puerta a alguien, sonríe y luego esa persona espera a que alguien más suba al ascensor, y esta persona después compra un café para un amigo. Es como una «cadena de favores», pero con café y momentos reconfortantes. Y lo crucial: has abierto una puerta, pero alguien a quien no conoces ha recibido un café gratis. Es imposible que eso no sea genial. Así funciona la vida. Este tipo de efectos dominó están por todas partes.

Ahora bien, no estoy diciendo que tengas que empezar a abrazar cada cactus a la vista, pero ser amable es como cubrir tu alma y la de los demás con una manta calentita un día frío de invierno. Es el truco para convertir ceños fruncidos en sonrisas, con algún baile de felicidad.

No olvidemos que también tenemos que prestarnos atención a nosotros mismos. Si siempre estás sirviendo amor y amabilidad en la taza de los demás, pero olvidas llenar la propia, terminarás funcionando con el último aliento. ¿Y quién quiere eso?

Ser amable contigo mismo implica presionar el botón de pausa cuando necesitas descansar, decir «No, gracias» cuando ya tienes mucho entre manos, y darte aliento cuando las cosas se ponen un poco caóticas (porque, seamos sinceros, solo somos seres humanos).

La habilidad de ser amable con uno mismo está en encontrar el equilibrio, el punto justo entre ser amable con los demás y serlo contigo mismo. Más adelante en el libro, compartiré un montón de maneras en las que puedes serlo contigo mismo.

También abordaré las partes complicadas de la amabilidad. No siempre es clara; a veces, cuando eres amable con una persona, otra te acusará de no serlo con ella. Todos hemos pasado por eso. ¿A quién deberías darle tus dosis de amabilidad? ¿Y cómo sabes qué es lo correcto? Abordaremos ese campo minado y algunos otros dilemas relacionados más adelante.

Ahí lo tienes: la amabilidad, la heroína olvidada de la experiencia humana. Es como chocolate para el corazón, que el alma se levante con el pie derecho o un saludo virtual para la humanidad.

Así que adelante, conviértete en un valiente cruzado de la amabilidad, y esparce esas acogedoras vibraciones cálidas como confeti en un desfile de unicornios.

1

Amabilidad consciente

¿Alguna vez te has preguntado por qué el mundo parece ser tan caótico, complicado y, en ocasiones, sumamente malhumorado? Un motivo podría ser que hemos olvidado lo valioso que es mostrar interés sincero por los demás. Aquí está el motivo de su importancia.

Para empezar, ¡ser amable sienta bien! ¿Recuerdas la última vez que alguien te sostuvo la puerta, te sonrió al azar o solo te escuchó cuando tuviste un día realmente horrible? Te sentiste bien, ¿no es cierto?

Eso se debe a que la amabilidad es como un lenguaje universal que, en el fondo, todos entendemos y apreciamos. Además, según veremos, inicia una fiesta de bienestar en el cerebro y el corazón, lo cual, de hecho, nos hace más felices y reduce nuestra presión arterial.

La vida es un deporte de equipo. Nos guste o no, estamos todos juntos en esta enorme roca llamada Tierra. Es un proyecto grupal y sabemos que no es agradable cuando una persona no colabora o actúa como un imbécil. Cuando nos apoyamos unos a otros, la vida se vuelve un poco más fácil y mucho más divertida.

¿Y sabes qué? El karma es real. Olvida el lado místico por un segundo y pensémoslo de manera práctica. Si hoy ayudas, existe una buena probabilidad de que mañana haya alguien presente para ti. Si quieres, llámalo «altruismo egoísta», ¡pero funciona! Ser un imbécil por lo general se vuelve en tu contra.

No olvidemos la conexión humana. Te lo creas o no, nuestros cerebros están programados para conectar. Así es: cada me gusta, compartir, comentar, abrazo o charla en el café son más que solo un momento. Es la forma en que nuestro cerebro dice: «Oye, necesito esto para sentirme vivo y feliz». Entonces, ¿por qué privarlo de ello?

Mostrar interés por los demás hace que el mundo sea menos aterrador. Cuanto más nos preocupamos por el resto, más nos percatamos de que la mayoría es como nosotros: intenta resolver las cosas y espera tener un buen día. Es más fácil temer lo que no conoces, pero una vez que conoces a las personas, el mundo parece mucho más pequeño y acogedor.

Así que la próxima vez que sientas la tentación de ignorar un problema ajeno, desestimar los sentimientos de otra persona o simplemente quedarte en tu propia burbuja, recuerda: el mundo es un lugar mejor cuando todos nos interesamos por los demás. ¡Espolvoreémoslo por todas partes, como si fuera la purpurina mágica de la amabilidad!

Ahora bien, este primer capítulo se llama «Amabilidad consciente», otra forma de decir *kindfulness*. Suena a *mindfulness* o «conciencia plena», ¿verdad? No es casualidad.

El *mindfulness* trataba sobre todo de tener una conciencia plena, como si fuera una cosa más entre otras, y a menudo significaba ser amable. Aún significa esto para algunas personas, en especial para los instructores.

Pero en la evolución constante de la búsqueda de paz interior y bienestar mental en la que todos estamos inmersos, tan a la moda en esta época, la meditación consciente ha surgido como una práctica fundamental. Sus raíces se encuentran en antiguos saberes y está reforzada por la psicología contemporánea. Dice: «Vive el presente», «Observa tus pensamientos sin juzgarlos» y «Cultiva una consciencia del ahora».

El problema es que, en la actualidad, la mayoría lo aprende de una aplicación. Aunque me encantan, estas tienen que captar nuestra atención desde el comienzo. Así que abres la aplicación, las instrucciones suelen ser breves y luego: ¡bum! Ya conoces la conciencia plena. Es como la escena de *Matrix* en la que Neo recibe una descarga y luego informa: «Ya sé kung-fu».

Sin embargo, en su origen, la enseñanza de la conciencia plena provenía del budismo y era mucho más extensa. Incluía educación sobre ética; es decir, sobre pensar y actuar de forma amable y compasiva, sobre cómo comunicarse sin ser gruñón y sobre el comportamiento moral. Era un menú completo: ética, amabilidad y buenas energías, todo junto.

Avancemos hasta las décadas de 1980 y 1990. Para hacer la práctica más aceptable en entornos clínicos, el *mindfulness* buscó divorciarse de sus raíces éticas. Al principio, probaron separarse.

Se mezcló, convirtiéndose en el programa MBSR, por sus siglas en inglés: una herramienta de reducción del estrés basada en la conciencia plena. Estaba diseñada para reducir el estrés y mejorar el bienestar psicológico en pacientes ambulatorios. Era la versión liviana de la conciencia plena, sin los conocimientos sobre ética, cultura y amabilidad.

¡Y no cabe duda de que esta versión llegó a las grandes ligas! Se metió en escuelas, gigantes de la tecnología como Google y hasta en el ejército de Estados Unidos. Era la conciencia plena sin las ataduras. Olvídate de las cosas profundas y espirituales; solo siéntate, respira y ¡*voilà*!

Trataba sobre los beneficios psicológicos de las posturas en el suelo y la manera en que beneficiaba al individuo o la organización. Se firmaron los papeles y se terminaron divorciando. No había vuelta atrás.

Ahora bien, con la tecnología, que avanza más rápido de lo que puedes decir *namaste*, la conciencia plena se aborda desde las aplicaciones. Pero recuerda, aunque estas puedan agilizar las cosas, en ocasiones solo estás deslizando la esencia real hacia la izquierda. Esto es más que un rapidín digital.

¿Por qué debería importar que el *mindfulness* ahora sea liviano? Si te funciona, entonces genial, fantástico. Caso cerrado.

Pero no se trata solo de ti, sino de *nosotros*. Nos guste o no, estamos juntos en el Juego de la Vida, y cuanto antes comencemos a ayudarnos unos a otros, más fácil será llegar al siguiente nivel. Expandir tu perspectiva del «yo» al «nosotros» en realidad puede intensificar las energías positivas que andan volando por ahí, además de aportar una cantidad inimaginable de beneficios para tu salud y la de tus seres queridos. Ya hablaré de eso; me estoy adelantando un poco. Volvamos a la conciencia plena.

Hoy en día, casi nadie que aprende sobre conciencia plena conoce la forma en que se enseñaba en sus orígenes y la importancia que se daba a la amabilidad en cómo pensamos, hablamos y actuamos.

Tal vez sea hora de que la conciencia plena vuelva a la cama con la amabilidad.

¿De dónde proviene la conciencia plena?

La Era Axial es un período histórico entre los siglos VIII y III a. C., identificada por primera vez por el psiquiatra y filósofo alemán Karl Jaspers en su libro *Origen y meta de la historia*. Resulta fascinante, porque durante este tiempo hubo un gran movimiento en el pensamiento religioso y filosófico en muchos lugares del mundo. Esto ocurrió en paralelo en Persia, India, China, el Levante (el Mediterráneo oriental y Asia occidental, incluido Medio Oriente) y en todo el mundo grecorromano (aunque no parecía haber comunicación entre ellos).

Casi como por arte de magia, surgieron varios pensadores de primer nivel que a día de hoy son nombres conocidos. En los siguientes siglos, sus palabras definirían grandes tramos del pensamiento religioso y filosófico. Una reverencia a Confucio, Zaratustra (Zoroastro), Homero, Platón y Buda.

Según la leyenda, el Buda comenzó su vida como parte de la realeza. El príncipe Siddhartha, harto de tener todo lo que quería al alcance de la mano, deseaba ver cómo era la vida en el mundo real. En plena noche, dejó el palacio que era su hogar para pasar los siguientes años en las calles, como indigente, presenciando la pobreza y las dificultades que le habían sido ocultadas toda su vida.

Para resumir la historia, al final descubrió la naturaleza del sufrimiento; básicamente, todas las personas sufren y hay causas comunes.

Para resolverlo, identificó soluciones fáciles de practicar. La historia cuenta que alcanzó la iluminación mientras estaba sentado bajo el árbol Bodhi, por lo que luego se le dio el título de «Buda».

Algunas de sus soluciones se encuentran en el Camino Óctuple, donde el Buda enseña la conciencia plena.

Pero no es exactamente como la conocemos hoy. Los estudiosos del budismo[1] conocen la versión occidental de esta práctica como «conciencia plena contemporánea» (o moderna) o, en ocasiones, «conciencia plena secular», ya que no tiene ninguna conexión con la religión. La enseñanza original del Buda se conoce como «conciencia plena tradicional».

En resumen, la principal diferencia entre ellas es que la versión tradicional está basada en un conjunto de enseñanzas sobre ser una persona decente y abstenerse de herir a los demás.

Ese conjunto de enseñanzas se llama el Camino Óctuple. Servía como una especie de manual de entrenamiento para los practicantes, ayudándolos a orientar su brújula moral y guiándolos en el proceso de reducir el sufrimiento comportándose como ciudadanos honrados. La técnica de meditación consciente que practicamos en la actualidad era un pequeño paso en este camino.

El Camino Óctuple

A continuación encontrarás un minúsculo resumen del Camino Óctuple para que lo veas por ti mismo. Ahora bien, yo no soy budista, y se han escrito libros enteros de cientos de páginas al respecto, así que toma mi síntesis a la ligera. Es solo para darte una idea de dónde se ubicaba el *mindfulness* al principio.

1. Visión correcta

¡Las cosas cambian constantemente! Se llama «impermanencia». Al aceptarlo, dejamos de intentar aferrarnos a ellas como si fueran nuestra chocolatina favorita. También hay un elemento de sentido común sobre lo que es la visión correcta. Básicamente, buenas acciones = buenos resultados; mientras que malas acciones = momentos de «¿Por qué he hecho eso?».

2. Intención correcta

Cultiva una mente amable. No solo seas amable, también piensa en los demás de forma amable. La amabilidad comienza en tu propia cabeza teniendo pensamientos buenos; del mismo modo que te gustaría que los otros piensen amablemente sobre ti y pasen por alto todos tus momentos «ejem». Si un pensamiento no trae alegría, sé consciente de él y déjalo ir. No hay necesidad de cargar con la negatividad.

3. Hablar correcto

Habla de manera responsable. Si no tienes nada agradable que decir, entonces no digas nada. Si no es amable, verdadero o necesario, cierra la boca. Y, por supuesto, no hay lugar para chismes, rumores ni comentarios maliciosos. Las palabras son superpoderes, ¡úsalas para el bien!

4. Acción correcta

Es como tu GPS moral. ¿Estás actuando desde un lugar de compasión o amabilidad? Genial, entonces continúa. Si no, es hora de recalcular el camino. Esto incluye consejos generales para la vida: no robes. No mates.

5. Medio de vida correcto

En pocas palabras, no aceptes un trabajo que vaya en contra de ser un buen ser humano. Si lastima a otros, no es admisible.

6. Esfuerzo correcto

Piensa en esto como si fuera un «gimnasio para el alma». Ejercita los músculos de la amabilidad y la conciencia plena. No se trata de machacar con fuerza, sino más bien de un ardor constante y agradable.

7. Conciencia plena correcta

Vive en el momento: no en el último episodio de esa serie que has visto en Netflix, en lo que vas a cenar, ni tampoco en esa conversación que has tenido por la tarde. Se trata de estar aquí y ahora.

8. Concentración correcta

Esto es como el «modo Zen» de tu móvil, pero para la mente. Encuentra la concentración, sigue el ritmo ¡y los otros siete pasos se convertirán en pan comido!

Ahí lo tienes. El Camino Óctuple: la guía completa para convertirse en un ser humano relajado y consciente de la amabilidad. No solo consciente, sino consciente de la amabilidad. Dice que no lastimes a las personas y que seas amable al pensar, hablar y actuar.

Bien, ahora puedes ver dónde tuvo su origen el *mindfulness* y que no solo se trataba de una práctica de meditación, sino que tenía mucho de ser amable a conciencia. Por eso me gusta la expresión «amabilidad consciente». Ser amable a conciencia. Conciencia plena con una pizca de amabilidad. Que tu mente sea amable. Que las personas te importen. Si alguien está pasando por un mal momento, ofrécele un abrazo, préstale un oído solidario, cómprale un café. Solo sé amable, de la forma que sea, en lugar de ser un imbécil. Fin.

La conciencia plena se enseñaba junto con los otros pasos porque implicaba que, a medida que crecías hasta convertirte en toda una persona Zen y *sabiduriosa* (sé que esta palabra no existe, pero soy un fanático de la comedia *Friends* y es una de mis palabras favoritas de Joey), el nuevo y mejorado «tú» beneficiaría a todos los demás. Estamos metidos en esto, la vida, todos juntos, así que volverte una mejor persona y todo lo demás es bueno para cada uno de nosotros. Dirige tu brújula moral lejos de tu propio interés en una dirección que sea mejor para todos: tu familia, tus amigos, tus colegas, incluso ese dependiente que nunca sonríe.

El enfoque contemporáneo del *mindfulness*, por otro lado, es beneficiar al individuo. Déjame aclarar esto: no es por egoísmo, sino para ayudarnos a controlar mejor nuestras emociones y lidiar con el estrés del mundo moderno. Seamos realistas, necesitamos esa ayuda en un mundo que parece girar cada vez más rápido. Es una gran herramienta, una terapia que nos ayuda a sobrellevar los desafíos de la vida moderna.

Mientras que el *mindfulness* contemporáneo se centra más en el yo al meditar, la práctica tradicional, como la amabilidad consciente, se trata de todos nosotros.

¿Cuál fue la causa del divorcio?

Ya he mencionado la manera en que el ejercicio de la conciencia plena se divorció de sus raíces éticas. No discutieron ni nada por el estilo; pero resulta que la mayoría de los entornos clínicos en Occidente son seculares. No puedes profesar moral o ética cuando alrededor puede haber personas psicológicamente vulnerables, sin importar las buenas intenciones. La ciencia les gana a los sermones, por así decirlo.

Entonces, cuando debutó en Occidente, tuvo que ponerse una bata de laboratorio y gafas. Necesitaba presentarse de una manera que pudiera ser sometida a pruebas y demostrar que podía brindar beneficios clínicos claros. De lo contrario, nadie habría escuchado. Al fin y al cabo, esto ocurrió en el centro de Boston, no en un monasterio en el Tíbet.

Jon Kabat-Zinn fue fundamental. Comenzó a meditar cuando estudiaba en el Instituto Tecnológico de Massachusetts. Para 1971 ya tenía un doctorado en biología molecular y había aceptado un trabajo docente en la Universidad de Brandeis, donde enseñó genética molecular y un curso general de ciencias para estudiantes que no seguían esa orientación. Luego, mientras pasaba dos semanas en un retiro «vipassana» (una práctica de meditación intensa en la que meditas durante varias horas al día), tuvo un momento «ajá»: debía llevar la práctica de la conciencia plena a Occidente.

Juzgó que, aunque los beneficios de la meditación podían ser transformadores, el vocabulario y el acompañamiento cultural no llamarían la atención de los occidentales, por lo que tenía que reducirse. Relajación sin el agregado espiritual para atraer a quienes más lo necesitaban, personas que sufrían y precisaban alivio.

En aquel momento, trabajaba en un hospital, por lo que pensó que sería el lugar ideal para probar un *mindfulness* simplificado. Durante la primera mitad de 1979, se reunió de manera individual con los directores clínicos de los centros de atención primaria, dolor y ortopedia del hospital. ¿Estarían dispuestos a derivar pacientes a su programa? Se trataría de pacientes que no estuvieran respondiendo a los tratamientos, aquellos a los que no podían ayudar y que, en efecto, iban cayendo por las grietas del sistema de salud.

El suyo sería un programa de ocho semanas de duración para reducir el estrés de pacientes ambulatorios del hospital. No decía «Olvidaos de los medicamentos», sino más bien «¿Por qué no agregar esto a la mezcla?». Si funciona, sería genial. Y si no, los pacientes continuarían con sus medicinas. No había pérdida. Para el hospital, era como una oferta para «probar antes de comprar». Entonces comenzó a mediados de 1979, cuando se derivaron los primeros ciclos de pacientes. Y fue un éxito.

A estos les encantó y lograron mejoras significativas. Kabat-Zinn y los directores clínicos lo celebraron en señal de éxito. La noticia se difundió con rapidez dentro de la comunidad médica, y en menos de un año, el jefe de medicina del hospital solicitó que el curso de Kabat-Zinn fuera parte oficial del departamento médico.

Y así fue como el *mindfulness* ingresó de forma oficial en la cultura dominante. El genio de Kabat-Zinn hizo que pareciera normal… sin las campanas ni el incienso.

Hoy conocemos el programa como «reducción del estrés basándose en la conciencia plena» (MBSR por sus siglas en inglés), pero no fue este el nombre con el que empezó. Al principio, no se mencionaba la conciencia plena. Kabat-Zinn hizo todo lo posible para hablar sobre ello de manera que no sonara «místico, de la Nueva Era ni, bueno, simplemente absurdo».[2] ¡En sus palabras!

Así que se lo bautizó como «Programa de relajación y reducción de estrés». Pero tras funcionar durante algunos años, se transformó en la Clínica de Reducción de Estrés. Después de todo, era un servicio clínico dentro del departamento de medicina.

En aquel entonces, en Estados Unidos existían programas de reducción de estrés alternativos, además de otras prácticas de meditación, por lo que en la década de 1990 finalmente se lo conoció como MBSR para distinguirlo. Hoy en día, hay millones de personas en todo el mundo que le agradecen sus momentos de paz al programa. En la actualidad, incluso existe toda una «familia de la conciencia plena» que utiliza siglas como MBRP, MBCP e incluso MB-EAT. Sí, una práctica de *mindfulness* centrada en la alimentación. Ser Zen mientras comes.

Hablando en serio, el MBSR ha ayudado a millones de personas de todo el mundo,[3] no solo para reducir el estrés y mejorar su salud mental, sino además en muchos otros aspectos. ¿Nunca has oído hablar de él? No te preocupes, le pasa a la mayoría. Porque, hoy por hoy, todo se concentra en la rapidez y la facilidad de las aplicaciones y los libros. Largas explicaciones de las raíces, las bases, el significado y el contexto que hay detrás espantarían a la mayoría, en especial en el presente actual, donde todo el mundo compite por un poco de atención.

El ABC de la conciencia plena

Bueno, antes de seguir, es posible que hayas intentado practicar *mindfulness* antes. Qué diablos, si hasta podrías ser un experto. Pero, si nunca lo has intentado, piensa en esto como el ABC de la conciencia plena. Y, si lo has hecho, considéralo una revisión.

¿Primer paso? ¡Respira!

Sí, tan simple como eso.

Siente la respiración en tu nariz, abdomen o en cualquier otro lugar al que se dirija tu atención. Escúchala.

Aparecerán pensamientos. Les gusta aparecer sin más. No te preocupes: piensa que son globos y déjalos volar lejos.

Si descubres que tu mente va a toda velocidad como un tren desbocado y estás imaginando una discusión con otro, se aplica la misma regla. Mantente alejado, fíjate en lo que estás pensando, no lo persigas, no lo juzgues, luego despídete y vuelve a centrarte en tu respiración.

Hay algo mágico en esto: en el momento en que te das cuenta de que estás pensando, dejas de hacerlo. No puedes hacer ambas cosas al mismo tiempo. Pensar o centrarte en que estás pensando; es una cosa o la otra. Cuando te des cuenta de que estás pensando, dejarás de hacerlo. Y tu mente se aquietará.

Eso es *mindfulness*: consciencia sin juicio.

Es como un gimnasio mental. Desarrollar tus músculos mentales te ayudará a combatir el estrés, demostrar un poco de resiliencia y hacer limonada cuando la vida te da limones. Con algo de práctica, es un verdadero entrenamiento para el cerebro. ¡Y los beneficios mentales son reales! (Más adelante te cuento más sobre esto).

Si alguna vez has hecho un curso decente, de unas ocho semanas, sobre conciencia plena, aprenderás que no se trata solo de la práctica de meditar. También se relaciona con llevar el *mindfulness* (conciencia) a tu vida diaria. Eso es lo que Kabat-Zinn enseñó como parte del MBSR, mucho antes de que se convirtiera en una versión liviana.

Se trata de aprender a vivir sin solamente reaccionar a las cosas ni actuar por inercia. Vivir con conciencia plena, en lugar de vivir inconscientemente.

Consciencia o inconsciencia

Lo opuesto a la consciencia es la inconsciencia, cuando te encuentras tan metido en tu cabeza que apenas notas lo demás. ¿Te recuerda a alguien que conoces? ¿Tú mismo, quizás? Por ejemplo, si alguien tirara un bote entero de helado sobre tus zapatos y solo levantaras la vista y sonrieras con educación, antes de volver a esa importantísima secuencia de pensamientos en la que estás. El problema es que, mientras el *mindfulness* nos ayuda a reducir el estrés, la inconsciencia lo crea. Si carecemos de la habilidad de dar un paso atrás sin juzgar, podemos reaccionar de una forma muy exagerada y hacer una montaña de un grano de arena o, sencillamente, no prestar atención a nada en absoluto.

Yo también lo hago. Vivo cerca del campo, pero a veces, mientras camino, me olvido de mirar el hermoso paisaje a mi alrededor. El lugar está atiborrado de verde y color. Árboles frondosos, flores, el aroma del aire fresco, el canto de los pájaros por todas partes. No. Bien podría estar caminando por un corredor gris adornado con un extraño radiador de metal.

Estoy en mi cabeza, repasando una conversación que tuve hace poco, o una que necesito tener, u obsesionado sobre cómo escribir ese capítulo del libro un poquito mejor. Y la consecuencia es que me estreso.

Parte de ese estrés proviene de que la mente se vaya hacia todos lados y otra parte, del efecto que eso tiene en la respiración. Ser consciente aquieta tu respiración, porque desaceleras la mente y tomas el tiempo que necesitas, mientras que la inconsciencia hace que la respiración sea corta y superficial.

La mayoría vive la vida sin consciencia. Es cierto, existen focos de consciencia, por supuesto, pero durante la mayor parte vivimos sin ella.

No quiero decir que vayamos por ahí como autómatas robóticos, sino que quedamos atrapados por el trajín diario y los dramas de la vida de manera constante, sin retroceder para observar lo que está sucediendo bajo nuestras narices o lo que está pasando en nuestras mentes.

La conciencia plena puede ayudarte a dar un paso atrás en tu mente. Y eso importa.

Empezamos a reconocer que el modo en que nos sentimos en un momento determinado no es solo una consecuencia de lo que puede estar sucediendo en nuestras vidas, sino también de la manera en que pensamos al respecto. Aprendemos a ajustar la forma en que nos sentimos al redirigir nuestra atención.

Esto no quiere decir que debamos fingir que no pasa nada malo, cuando resulta evidente que sí. ¡Por el contrario! Los sentimientos son como una hoja hamacada por el viento, pero cuando tienes un mayor control sobre tu mente, puedes aprender a sostener esa inoportuna hoja en la palma de tu mano y guiarla hacia donde quieras que esté.

Eso es la conciencia plena. Y se vuelve más fácil con la práctica.

Al principio, puede que solo dure unos segundos, hasta que tu mente se vuelve a ir. Pero con el tiempo y la práctica, puedes volver a tomar la hoja una y otra vez, para colocarla sobre la mesa junto a las flores.

¿Por qué medita la gente?

El correo electrónico más desagradable que he recibido jamás era de un maestro espiritual. En aquel entonces, me hizo rechazar la idea de querer ser «espiritual» en algún momento. Si el entrenamiento espiritual te convertía en eso, no lo quería.

La mayoría de las personas espirituales que conocía entonces era gente común con una serie de intereses selectos, como meditar (de lo cual la conciencia plena es una versión), quemar incienso, la sanación espiritual, las vidas pasadas y otras cosas similares. Para ser honesto, y sin dar rodeos, estaban igual de jodidos que el resto.

Cualesquiera que fueran las prácticas a las que se entregaban para volverse espirituales, no los habían sanado. O, al menos, todavía no. Algunas eran personas encantadoras de verdad, pero otras luchaban mientras pretendían que todo iba bien. Esto no es una crítica. Muchos de nosotros lo hacemos a veces, incluido yo. Es humano.

En comparación, algunas de las personas más agradables y equilibradas que he conocido trabajaban en la corporación a la que yo había renunciado un año antes, y jamás habían encendido una vela, quemado incienso, cantado mantras, ni puesto un pie en una iglesia, a menos que estuviera lloviendo y necesitaran refugio.

Comencé a preguntarme si las personas se sienten atraídas por prácticas espirituales como la meditación porque necesitan ayuda, en lugar de porque sean seres avanzados que hacen meditación. Anteriormente había dado por sentado que se relacionaba con esto último, porque esa era la impresión que daban algunas de las personas espirituales que conocía.

Pero, como ya he dicho, con el tiempo me di cuenta de que la mayoría se siente atraída por la meditación y otras prácticas espirituales porque las necesitan, y no porque ya estén libres de todo el equipaje que la vida nos exige cargar, ni tampoco porque sean seres superiores.

También daba por sentado que ser espiritual, donde la meditación suele ser una parte constitutiva, te volvía más amable. Más suave. Más gentil. Más compasivo. Ese parecía ser el caso del puñado de maestros budistas que conocía, cuyo entrenamiento incluía cómo ser amable. Pero me di cuenta de que, en general, eso no es cierto.

Mención al correo electrónico que recibí en ese momento.

Básicamente, lo que creas, en términos espirituales o religiosos, es independiente de lo que hagas. La creencia está en tu cabeza, tanto si crees en Dios, en cinco dioses o en ninguno. Lo que importa son tus acciones, y eso es todo. Son lo que te hace sentir bien o no, tanto a ti como a las personas a tu alrededor. Si «espiritual» llega con algo de compasión y amabilidad, genial. Si no... corre.

Ahora bien, la gente practica la meditación por razones muy distintas. A algunos les sirve para lidiar con el estrés y otros lo hacen porque los ayuda a concentrarse. Hay personas que descubren que las ayuda a dormir mejor, o a manejar sus emociones, e incluso a lidiar con la ansiedad o la depresión. Y hay quienes lo consideran un asunto de crecimiento personal o espiritual.

Aquí te dejo algunas de las principales razones y beneficios. Se han realizado investigaciones sobre esto, pero no voy a abrumarte con ellas y, al final, tampoco habrá una evaluación. Tendrás que confiar en mi palabra. ¡Ahí tienes, ya estoy siendo amable!

1. Reducción del estrés

Una de las razones más comunes por las que las personas practican la meditación consciente es para reducir el estrés. Si alguna vez te sientes como una olla a presión a punto de estallar, puede ser tu interruptor de apagado.

2. Vivir en el ahora

La meditación puede ser como darle a tu mente un GPS para el presente. ¡Basta de viajar al pasado o al futuro!

3. Un mando a distancia para una mente ocupada

¿Tienes la atención de un pez dorado? ¿En ocasiones sientes que alguien está jugando con el mando a distancia como si tu mente fuera la televisión? La meditación puede ayudarte a tomar el control y mantenerte en un canal a la vez. Te ayuda a cambiar el zapeo por el enfoque láser. En efecto, puede ayudar a que tu nivel de atención ascienda al de un delfín.

4. Bienestar emocional

La meditación puede hacer que te sientas más radiante por dentro y por fuera. Puede ayudarte a formar una mejor imagen de ti mismo, a tener una visión más positiva de la vida y a dominar la habilidad de surfear las olas emocionales, en lugar de sentirte abrumado por ellas.

5. Mayor autoconsciencia

¿Alguna vez has oído la frase «Conócete a ti mismo»? La meditación puede parecerse a una sesión de «Conóceme», sin los costes de la terapia. Puede ayudarte a tener mejor comprensión de ti mismo. Con esta perspectiva enriquecida, eres más capaz de controlar el modo en que tratas a los demás y cómo respondes a los desafíos de la vida.

6. Reducción de los síntomas de ansiedad y depresión

La meditación consciente puede colaborar manteniendo a los duendecillos de la mente a raya y manejando los síntomas relacionados con la ansiedad, la depresión y los ataques de pánico. Al otorgarnos la capacidad de dar un paso atrás y ver las cosas desde una perspectiva diferente, nos ayuda a tomar el control de una mente potencialmente embrollada.

7. Adicción

Algunas personas hallan que la meditación es una forma muy útil de controlar los comportamientos adictivos. Puede permitirle a tu mente aumentar el autocontrol y la consciencia sobre lo que desencadena esos comportamientos. Es como tener un Houdini en tu cabeza cuando te sientes encadenado a ciertos comportamientos.

8. Mejor sueño

Algunos cuentan ovejas; otros, meditan. Esto se debe a que les permite relajarse y tomar el control de una mente errante. Luego los ayuda a dormirse más rápido y a disfrutar de un sueño más profundo y reparador.

9. Salud física

Para algunos, la meditación es como un *spa* mental y corporal a la vez. Se ha vinculado con una mejor salud física, como una presión arterial más baja, menores síntomas del síndrome del intestino irritable y un sistema inmunitario más saludable.

10. Crecimiento espiritual

Para aquellos que buscan conectarse al wifi cósmico, hay quienes piensan que la meditación les da la contraseña. Los ayuda a sentirse conectados y a profundizar su comprensión de los misterios de la vida.

11. Mejora cognitiva

Algunos meditan para aumentar su poder cerebral o para desarrollar sus músculos mentales. Ciertas prácticas pueden mejorar las funciones cognitivas, como la memoria y la velocidad de procesamiento.

12. Manejo del dolor

Hay quienes lo hacen para aliviar el dolor. La respiración consciente puede ayudar a reducir la percepción del dolor en el cerebro y utilizarse como parte de un régimen de manejo del dolor.

13. Mejora de la creatividad

Algunos hallan que la meditación contribuye a que sus flujos creativos circulen. Al silenciar el parloteo mental y ayudar a acceder a un estado más profundo, sienten que contribuye a desbloquear su artista o escritor interior.

14. Crecimiento personal y autodisciplina

Muchos toman la meditación como una forma de crecimiento personal, porque enseña paciencia, disciplina y compromiso. Según algunos, si quieres tener la autodisciplina de un ninja, entonces la meditación es tu gurú.

Tenía en mente enumerar solo algunas razones y beneficios, pero una vez que he empezado, he creído que era preferible que tuvieras una imagen más completa. De todos modos, no hay nada sobre la amabilidad en esa lista, y este libro trata sobre ella: por qué es genial que algo nos importe, cómo está de moda, quién o qué debería importarnos, por qué beneficia a nuestra salud mental y también por qué deberíamos practicar este arte con nosotros mismos.

Lo que podría haber agregado a la lista anterior es que la meditación consciente puede volver a algunas personas ensimismadas. He dicho que la lista trataba sobre los beneficios, y este en realidad no es uno de ellos, sino más bien un inconveniente. Lo explicaré todo en el próximo capítulo.

Bueno, me encanta el *mindfulness* y lo practico, pero ahora quiero proponer la amabilidad consciente o *kindfulness*.

En parte, porque me gusta el concepto, lo uso mucho y creo que sería genial que contara con una definición propia en el diccionario (¡esto va para vosotros, editores de diccionarios!). Pero es más que solo un concepto que suena bien. Para vosotros, editores de diccionarios, definiré la amabilidad consciente de forma adecuada en el próximo capítulo, de modo que os ahorraré el trabajo de pensarlo vosotros mismos.

De todas formas, a pesar de la similitud en la palabra, el *kindfulness* no es exactamente una reinvención de la conciencia plena. Más bien, es una expansión de ella. Es la unión entre la conciencia plena, de la que obtienes todo el zumo, y el tierno abrazo de la amabilidad. En esencia, sobrealimenta la experiencia.

Donde la conciencia plena dice «Date cuenta», la amabilidad consciente susurra: «Y también cuida». Nos impulsa no solo a estar presentes en nuestras experiencias, sino a infundirlas con una comprensión cálida.

Sin embargo, no es solo una práctica como la meditación del *mindfulness*, que es solo una forma de la amabilidad consciente. Es mucho más. Vuelve a llevar a la conciencia plena a la cama de la amabilidad, porque también se trata de ser conscientes de ella mientras vivimos la vida.

Piensa dónde puedes echar una mano, a quién puedes ayudar. No tiene que ser mucho. Cómprale un café a alguien. Deja pasar a otro delante de ti en la fila de la caja cuando tienes un carrito lleno y ese niño solo tiene un plátano y un paquete de chicles. A veces, con sonreír o inclinar la cabeza ya es suficiente.

2

Cómo la conciencia plena puede volverte egoísta

Como ya sabrás, el *mindfulness* me interesa bastante. Es como un entrenamiento para el cerebro, y he puesto por las nubes sus beneficios al final del capítulo anterior. Pero si hablamos de hacer un poco más amistoso nuestro mundo (esta gran roca compartida que flota en el espacio), entonces la conciencia plena podría no ser suficiente por sí sola.

La conciencia plena tradicional trataba de ser un excelente ser humano, pero una vez que abandonó su antigua energía espiritual, perdió algo de aquel mensaje de «Sé amable con todos».

No es que esté hablando pestes sobre la conciencia plena. Para algunos, cambia las reglas del juego. Es como desconectarse de la Matrix. De repente, te detienes a oler las rosas, eres arrullado por el canto de los pájaros y el zumbido de las abejas, y oyes el delicado hechizo de las armonías en una habitación llena de gente. Pero, aunque el *mindfulness* pueda agudizar tus sentidos, la verdad es que no te da insignias de amabilidad.

Hace que les prestes atención a más cosas. Que luego actúes o no sobre lo que te has fijado, depende de ti. Y la empatía tiene algo que ver.

Aquí entra a escena el *kindfulness*. Piénsalo como la Conciencia Plena 2.0. Si te sumerges en su mundo (porque mola, por sus beneficios para la salud y sus poderes antidepresivos), se parece a subir de nivel. Cuando tienes un corazón amable y practicas la conciencia plena, es como incorporar un GPS que te lleva a hacer el bien.

Pero esto tiene truco: sin el chip de la amabilidad, en ocasiones la conciencia plena puede resultar contraproducente. Algunos tal vez acaben siendo menos amables. Aun así, no tienes que creerte mi palabra; está la ciencia.

El experimento de las tres sillas

Los investigadores conectaron a un grupo de personas[1] con una aplicación para meditar y se les pidió que hicieran meditación consciente durante las siguientes tres semanas. Después, los llamaron al laboratorio uno por uno. Dijeron que se trataba de una prueba cognitiva, pero en realidad era un experimento con cámara oculta. Habían montado un escenario falso.

Al llegar, cada persona tenía que sentarse en un área de espera. Había tres sillas. Dos ya estaban ocupadas, así que su única opción era tomar el asiento restante. Como ya he dicho, era mentira. Los asientos estaban ocupados por un par de miembros del equipo de investigación.

Un minuto después, apareció una chica con muletas y una bota ortopédica. Ella también formaba parte del equipo de investigación, pero iba de incógnito. De vez en cuando, hacía gestos de dolor para que todos pudieran ver que estaba sufriendo. Las personas en los asientos ocupados apenas la miraban, ya que les habían pedido que fingieran desinterés.

¿Se ofrecerían los que habían aprendido a meditar a cederle su asiento? ¡Lo hicieron! El 37 por ciento de los que meditaban le ofreció su asiento, frente a solo un 14 por ciento de los que no. ¡Que viva el *mindfulness*!

Como he mencionado antes, no es que la conciencia plena los volviera más amables, sino que los sacó de sus propias cabezas y les hizo prestar atención.

He aquí el asunto. Por lo general, la amabilidad comienza por la empatía. Empatizamos con la situación de una persona y nos sentimos movidos a ayudarla. Ahí es cuando aparece la compasión: es empatía más motivación para ayudar. Luego hacemos algo: llevamos a cabo un acto de amabilidad. La empatía se convierte en compasión, que se convierte en amabilidad, como una semilla que crece hasta ser una flor.

Los investigadores habían realizado una prueba anterior, donde una mitad de las personas practicaba la conciencia plena y la otra, meditación basada en la compasión. Ambos grupos habían ayudado a la chica por igual, por lo que la suposición natural era que la conciencia plena aumentaba tanto la empatía como la compasión. Sin embargo, en este caso no ocurrió así, al menos no durante tres semanas. Cuando más tarde midieron los niveles de empatía, no había ninguna diferencia entre los que habían meditado y los que no.

Como ya he dicho, el *mindfulness* no nos vuelve más amables; nos ayuda a ser conscientes.

Estiramiento mental

Con frecuencia, la empatía es el punto de partida de la amabilidad; es un medidor de «siento contigo». Algunos la consideran el ingrediente esencial en la sopa de la amistad. Es lo que viene antes de un abrazo; debes sentirlo antes de apretar, por así decir. Solo cuando empatizas con la situación de alguien te sientes conmovido a ayudarlo.

En el estudio mencionado, los investigadores midieron cuánta empatía tenían los participantes *después* de practicar la meditación. Esta es una forma de empatía llamada «precisión empática», que demuestra lo bien que se te da captar las necesidades de otra persona.

Si los investigadores hubieran medido la empatía inicial de los participantes, sería distinto: se trataría de su empatía disposicional, lo que en ocasiones se conoce como «rasgo» de empatía. Es lo que llevas en tu personalidad.

Ahora bien, una pregunta importante que algunos investigadores plantearon fue: las personas que naturalmente tienen alta empatía disposicional, ¿serían más amables tras hacer una práctica de conciencia plena que las de baja empatía?

En un experimento realizado por otro grupo de investigadores,[2] se midió la empatía disposicional de los participantes y después a algunos les enseñaron meditación consciente, otros escucharon música clásica y otros asistieron a dos charlas sobre empatía y solidaridad hacia los demás. Estos dos últimos grupos se incluyeron con el fin de realizar un ejercicio comparativo.

Luego, a todos ellos les presentaron una situación. Esta vez, no era el escenario de las muletas y la bota ortopédica. En su lugar, tuvieron que escuchar una falsa entrevista por la radio sobre una chica llamada Anna que estaba pasando por un mal momento: había perdido su trabajo y tenía una discapacidad. Además de eso, estaba terminando sus estudios universitarios.

La pregunta era cuánto se preocuparían los participantes por su situación. ¿Cómo de dispuestos estarían a ayudar a Anna en la vida real después de practicar la atención plena? ¿Estaría relacionado con su nivel de empatía disposicional?

Los resultados fueron claros. Una vez más, el *mindfulness* estuvo ligado al comportamiento amable. Hubo más personas amables entre las que habían hecho una práctica con conciencia plena, que entre las que habían escuchado a Beethoven o visto una charla TED sobre la empatía. Pero hay una advertencia: eso solo ocurría si tenían un alto nivel de empatía.

Como ya he dicho antes, los científicos primero habían medido la empatía disposicional. Resulta que la conciencia plena solo aumenta el comportamiento amable si ya tienes un alto nivel de empatía.

Y aquí viene el problema: si tu nivel de empatía es bajo, la meditación consciente parece tener el efecto contrario, ya que te vuelve menos amable y más ensimismado. Aunque la conciencia plena nos ayuda a prestar más atención, que actuemos sobre esto o no dependerá de nuestros niveles de empatía.

Después de hacer una práctica con conciencia plena, a las personas con un nivel bajo de empatía les importó una mierda todavía más grande y fueron menos propensas a ayudar a personas como Anna que quienes no lo habían hecho.

En resumen: que la atención plena acabe en amabilidad se relaciona menos con la conciencia plena que con nuestra personalidad existente. Aunque agudiza nuestro estado de alerta y mejora nuestros sentidos, la empatía natural es un factor decisivo para que ayudemos o no a los demás. El *mindfulness* actúa como un ejercicio de estiramiento,[3] pero para la mente en lugar del cuerpo. Es decir, expande lo que ya somos.

Otra forma de verlo, según han argumentado algunos investigadores, es que te lleva en la dirección de tus valores personales. Si estos incluyen empatía, amabilidad, amistad, honestidad, confiabilidad y otras cosas así, entonces la conciencia plena en efecto te volverá más amable.

Pero si no lo hacen (si se centran en los logros personales, la competitividad, la fuerza y ese tipo de cosas) existe una gran probabilidad de que el *mindfulness* te vuelva más ensimismado. Y, desde ese estado, eres mucho menos propenso a advertir que hay una mujer embarazada en el tren que necesita un asiento, una persona que se acerca a la puerta mientras la dejas cerrarse sin darte cuenta, o un anciano en la tienda al que le está costando alcanzar una caja de cereales de la estantería superior.

La conciencia plena se parece un poco a un selfi mental. Te ofrece la instantánea de quién eres por dentro, pero además amplía la imagen.

Si eres una persona amable, sacará a relucir tu amabilidad todavía más. ¡Excelente! Como ya he dicho, adoro la atención plena y hay muchas personas que se vuelven aún más amables cuando la practican.

Pero si no eres así por naturaleza, puede suceder lo contrario. O, como otros académicos han señalado, las personas ensimismadas se vuelven aún más ensimismadas. Los narcisistas que practican *mindfulness* se vuelven más narcisistas.

Se hizo una verificación cruzada con otras investigaciones y los autores escribieron sobre el resultado: «La conciencia plena fracasó entre aquellos que parecían necesitarla más».[4] Los narcisistas se volvieron menos empáticos después de una breve sesión de atención plena: menos amables y más ensimismados.

Existen, por supuesto, algunas limitaciones en las investigaciones presentadas y no quiero restarles importancia.

Ofrecerle un asiento a alguien no es lo mismo que dar dinero o hacer trabajo de voluntariado, por ejemplo, así que no podemos tomar estos resultados como si correspondieran al cien por cien de las situaciones en la vida real. Pero hay suficientes investigaciones para demostrar que es probable que, en términos generales, sea cierto. Además, aunque algunas personas con rasgos autistas tienden a tener menor empatía, el artículo recién mencionado descubrió que las personas con rasgos de autismo más altos en realidad se volvieron más amables después de practicar *mindfulness*.

Cómo ves el mundo

Así que ahí lo tienes. Todo se trata de empatía. Caso cerrado. ¿O no? ¿Podría haber otra capa? Podríamos pensar que, dado que los científicos ya obtuvieron un resultado, acabaron con el tema. Pero la ciencia no funciona así. Si hay preguntas sin respuesta, cosas que no terminan de encajar, por lo general nos gusta investigar un poco más para llegar al fondo del asunto.

Como con muchas cosas en la vida, a menudo hay dos o más caras de cualquier situación. Con respecto a si la conciencia plena nos vuelve más o menos amables, resulta que en parte se reduce a nuestra perspectiva del mundo.

Algunos vemos la vida a través de gafas de color rosa, y debo admitir que soy uno de esos. Es molesto, lo sé. Mis amigos me lo han señalado. «Sin lluvia, no hay flores»: ese es mi mantra. No tienes opción cuando vives en un lugar donde llueve mucho, pero creo que es mejor que ver el mundo con sospecha. Se dice que un carterista en una sala llena de santos solo ve bolsillos y se pierde toda la amabilidad que sobrevuela el sitio.

Resulta que la forma en que ves el mundo y tu lugar en él desempeña un papel en cuanto a si te volverá más amable o no. Es lo que los psicólogos denominan tu «autoconstrucción».

En 2021, Michael Poulin realizó un estudio en la Universidad Estatal de Nueva York en Búfalo donde abordó el tema.[5] Exploró dos autoconstrucciones (formas en que las personas se perciben a sí mismas en relación con los demás): independiente e interdependiente. La principal diferencia entre ellas es que, para quienes tienen una autoconstrucción independiente, se trata sobre todo del *yo*; mientras que, para quienes tienen una interdependiente, se trata más del *nosotros*.

En términos generales, las culturas occidentales (como Estados Unidos, Reino Unido y Europa occidental) se orientan hacia el lado independiente, mientras que las culturas asiáticas (como India y China, donde se originó el pensamiento budista) se orientan hacia lo interdependiente. Digo «en términos generales» porque dentro de cualquier cultura hay una mezcla, y la mayoría de las personas tienen características de ambos tipos, al igual que tenemos características mixtas de extroversión e introversión. Solemos tener una orientación más cercana hacia uno u otro lado, por lo que nos referimos a nosotros mismos como extrovertidos o introvertidos. Pero la verdad es que tenemos una mezcla de ambos sabores. De manera similar, todos somos en parte independientes y, en parte, interdependientes, aunque tendemos a orientarnos más hacia un lado que hacia el otro. Que demostremos más de uno que de otro depende de nuestro contexto.

Dentro de cada cultura, los distintos grupos tienen distintas inclinaciones. Las minorías raciales en Estados Unidos son más interdependientes que los blancos. Y algo similar ocurre entre las clases sociales: las clases trabajadoras son más interdependientes que las clases medias. De nuevo, hablamos en términos generales.

Pero volvamos al experimento de Poulin, que incluyó a 366 estudiantes universitarios, la conciencia plena y... algunos sobres. Después de su sesión de *mindfulness,* a los participantes se les habló sobre una organización benéfica para personas pobres y sin techo. La universidad quería enviar cartas a exalumnos para pedirles una donación. ¿Les gustaría quedarse y ayudar a llenar algunos sobres?

Esta fue la prueba de amabilidad. El objetivo era ver si la autoconstrucción influía en el comportamiento amable. ¿Y adivina qué? Así fue.

Los participantes con una perspectiva interdependiente llenaron un 17 por ciento más de sobres después de su meditación consciente (recuerda, la interdependencia se trata más de «nosotros»), mientras que los independientes (donde se trata más de «yo») llenaron un 15 por ciento menos. De hecho, los independientes llenaron menos sobres que el grupo de control que no había practicado conciencia plena.

El *mindfulness* parece amplificar nuestras tendencias naturales. Las personas con una mentalidad comunitaria se vuelven más solidarias, mientras que quienes están más centrados en sí mismos tienden a exacerbar esa inclinación. De nuevo, la meditación consciente profundiza lo que somos.

Pero hay algo que resulta preocupante. En Occidente, como sabemos, la mirada que predomina es la independiente. Nos la inculcan desde la infancia: distinguirnos, competir, ser los mejores. Se hace hincapié en el individualismo. ¿Acaso significa que, aunque la conciencia plena nos ayude a relajarnos, gestionar el estrés y desarrollar resiliencia, en algunos casos también nos está volviendo menos amables? ¿Estaríamos mejor sin practicarla?

Bueno, no necesariamente. Existe la empatía disposicional, como ya hemos aprendido antes. Puedes inclinarte hacia el polo independiente del espectro y tener un alto nivel de empatía, u orientarte hacia el interdependiente y tener un nivel bajo. Es una mezcla de factores.

Además, hay maestros de *mindfulness* que ofrecen el menú completo. Hacen énfasis en ser consciente mientras sigues con tu vida. La forma en que enseñan está más cerca de la atención plena tradicional que las versiones modernas de las aplicaciones. Alientan a los estudiantes no solo a practicar este tipo de meditación, sino a ser conscientes sobre cómo se sienten, lo que dicen y su comportamiento, en miras de introducir una consciencia mayor y más atenta de la vida, así como mayor amabilidad y compasión al interactuar con los demás.

Debemos recordar que Poulin estaba llevando a cabo un experimento controlado, que empleaba colaborar llenando sobres para una organización benéfica como una medida de comportamiento amable. No es lo mismo, por ejemplo, que ofrecerle el asiento a una niña con muletas o ayudar a alguien como Anna, que precisa asistencia inmediata, que simplemente pensar con amabilidad en los demás.

El meollo de estos estudios es que parecerían mostrar que la meditación consciente inclina la balanza hacia el núcleo de cada yo… sea cual sea. Así que no se trata solo de empatía, ni tampoco de autoconstrucción. Es un poco de ambas.

Ahora bien, si la autoconstrucción no es inamovible y podemos cambiar de punto de vista, podría haber consecuencias sobre la amabilidad y la sociedad. La siguiente parte del estudio puso esta idea a prueba usando una técnica llamada «preparación».

Preparación

La preparación consiste en plantar una idea en la mente de una persona de forma sutil, de modo que crea haberla pensado por sí misma. Muchos artistas escénicos lo hacen.

Una vez viví esto en un cumpleaños familiar hace algunos años, de una manera bastante espectacular. Mi padre cumplía setenta años y sus hermanos habían venido a casa para celebrarlo con nosotros. Me senté con una de las hermanas de mi padre durante un rato y charlamos.

Ahora bien, aunque me gustaría decir que estaba siendo sociable, tenía un motivo ulterior. De manera intencional, planté la idea de una carta en su mente: la reina de corazones. A lo largo de la conversación, mencioné varias veces la palabra «reina», como la difunta reina Isabel II, y encontré una forma de decir la palabra «corazón» unas cuantas veces, al referirme a mi antiguo trabajo sobre investigación y desarrollo cardiovascular.

Un poco después, saqué una baraja de naipes del cajón y anuncié que iba a hacer un truco para entretenernos un poco. Era eso o cantar una canción (había tomado unas copas de vino). Se decantaron por el truco de cartas. ¡Uf!

Levanté las manos, di una vuelta para generar suspense y anuncié: «Bueno, elegid una carta, cualquiera, la primera que se os ocurra, y decidla en voz alta». Pero solo miré a mi tía cuando pedí que lo hicieran.

Ella soltó: «¡Reina de corazones!». Por supuesto que lo hizo. ¡La había preparado!

Luego barajé los naipes unas cuantas veces para causar efecto y lancé la baraja entera contra la ventana. Causó un gran estruendo y las cartas volaron en todas direcciones. Todos se asustaron. Pero cuando miraron… ahí estaba la reina de corazones, pegada en el cristal.

He de admitir que se espantaron. Mi hermana Lesley se acercó para quitarla de la ventana y se espantó aún más. Trinó: «¡Está por el otro lado! ¡Ha atravesado la ventana y está por el otro lado!».

Como es natural, casi media hora antes, yo había salido y pegado la reina de corazones a la ventana con un pedazo de cinta adhesiva. Como ya he contado antes, los artistas escénicos hacen este tipo de cosas todo el tiempo. Son un poco más guais que yo y lo hacen de maneras realmente elegantes y elaboradas, pero la idea es más o menos la misma: preparación.

Bueno, volvamos al estudio de Poulin. Prepararon a un grupo de voluntarios ofreciéndoles una perspectiva independiente o interdependiente. Así que, sin importar su orientación inicial, pensarían en términos de la autoconstrucción con la que Poulin los había preparado.

¿El resultado? El *mindfulness* hacía que las personas fueran más amables cuando se las preparaba con una perspectiva interdependiente, y menos amables cuando lo hacían con una independiente. En otras palabras, la autoconstrucción es maleable. Incluso en cosas que parecen estar fijas en nuestra personalidad, podemos cambiarla.

En realidad, esto no se trata de rótulos, y trasciende la empatía y la autoconstrucción. En un mundo que parece girar cada vez más rápido, en donde todo parecería liarse una y otra vez, es cuestión de aprender a reconocer que no se trata solo del yo, sino del nosotros.

Ninguna persona es una isla. Y tampoco ningún país. Vale, tal vez este sea el caso en términos geográficos, pero ya sabes a lo que me refiero. Todos estamos juntos en la Tierra. Somos familia, nos guste o no. Aunque por lo general esta sea una mirada interdependiente, es algo más que ese rótulo. Se trata de reconocer que hay más en la vida que nuestros propios éxitos y logros.

Sería bueno que nos importara algo más que nuestra propia salud y felicidad, y que también nos importara la de los demás. En ciertas culturas africanas existe un concepto filosófico llamado «ubuntu». La palabra proviene de las lenguas nguni-bantu y el proverbio zulú «Umuntu ngumuntu ngabantu». Se traduce como «Una persona es una persona a través de otras». O «Soy porque tú eres». Encierra la idea de que nuestra humanidad está profundamente ligada a nuestras relaciones con los demás y señala que nuestras acciones y actitudes deben estar guiadas por la compasión, la empatía y el respeto mutuo.

Por la amabilidad.

¿Podemos aprender a sentir empatía?

Resulta que, así como podemos cambiar nuestra autoconstrucción, podemos aprender a empatizar. Y no necesita preparación. El dicho «Ponte en la piel del otro» lo recoge bastante bien. Ofreceré un ejemplo del mundo real.

Decenas de refugiados murieron cuando su barco se estrelló en la Isla de Navidad en 2010. Sin embargo, el primer pensamiento de Raye Colbey fue: «Os lo merecéis, cabrones. Si hubierais venido como corresponde, no habría pasado».[6] El suyo era el típico sentimiento generalizado hacia quienes buscan asilo.

Cuando se construyó un centro de detención para refugiados en su vecindario, en las colinas de Adelaide, ella estaba tajantemente en contra. Había pasado veinte años trabajando con niños con discapacidad intelectual. ¿Cómo se atrevían los refugiados a recibir fondos y recursos que los australianos de menores recursos necesitaban? Los odiaba con tal intensidad, dijo, que la estaba consumiendo como una enfermedad.

Expresó sus opiniones en una reunión del pueblo y luego la invitaron a formar parte de un documental llamado *Go back to where you came from* (Vuelve por donde has venido), producido por SBS en Australia. Los llevaron a ella y a otras personas en un viaje de veinticinco días, donde hicieron al revés el recorrido de muchos refugiados para llegar a Australia desde África y Malasia.

Primero pasó por Wodonga, donde la recibieron siete rostros amables y sonrientes: Bahati y Maisara Masudi, junto con sus cinco hijos de entre dieciséis años y apenas siete meses. Resultó que habían esperado nueve años en un campo de refugiados antes de asentarse en Wodonga, hacía solo dieciocho meses. Raye iba a vivir durante los próximos seis días con ellos, personas a quienes había admitido odiar.

A lo largo de esos días, algo cambió.

Al aprender sobre las atrocidades que la familia había enfrentado, las luchas que habían soportado y las cosas terribles por las que habían pasado, encontró en sí una empatía que antes no tenía. Escuchó sobre las violaciones, la tortura y los asesinatos, moneda común en el país que una vez llamaron «hogar».

En una entrevista posterior con el *Sydney Morning Herald*, explicó que sus emociones ahora se agitaban. Señaló sentirse «abrumada por el grado intenso de crueldad y persecución que solo lees o ves en televisión».

«Allí estaba», contaba, «sumergida en las vidas de verdaderos refugiados. Y me estaba costando».

«Por la noche, mientras yacía en el duro suelo, incapaz de dormir, la realidad de seguir los pasos de un refugiado me iba calando. Lloré por su dolor y sufrimiento».

«¿Era un crimen querer una vida en paz, criando hijos y viéndolos crecer y desarrollarse?».

La experiencia la cambió por completo. Tenía mucha más empatía y compasión después. Tanto que cada vez que escuchaba sobre protestas en centros de detención, se enfadaba. «¡Estas personas están desesperadas!», gritaba: un giro completo respecto a cómo se sentía apenas unos meses antes.

En ocasiones, todo lo que se necesita es más información para que cambie el dial de empatía. Por eso primero se nos pide ponernos en la piel del otro, como dice el dicho. Cuando consideramos en mayor profundidad la situación real de una persona, la empatía comienza a encenderse. Forma parte de ser humano.

Todos somos miembros de una familia: la humanidad. Nuestro mundo sería mejor si realmente comenzáramos a actuar así.

Conciencia plena y amabilidad

Como he señalado antes, en aquellos tiempos, uno de los objetivos del *mindfulness* tradicional era ayudar a la gente a ser mejor persona, que mostraran interés por los demás, además de por sí mismos. El Buda dijo algo similar, solo que usando las expresiones de su época. Después de todo, la expresión «mierda» no se había inventado todavía. Apareció unos miles de años después, probablemente cuando una manzana aterrizó sobre la cabeza de Sir Isaac Newton, aunque es difícil saberlo con certeza.

A pesar de sus éxitos, la versión ligera de la conciencia plena no consigue todo lo que se proponía hacer la tradicional. Pero ¿y si la amabilidad y la compasión se enseñaran como parte de la meditación consciente, tal como sucedía cuando el Buda se sentaba bajo el árbol Bodhi? Quizás nos volviera más amables. Al traer la amabilidad de vuelta a la atención plena, esta se convierte en amabilidad consciente.

Entonces, los investigadores exploraron algo en esta dirección. Compararon la práctica usual de *mindfulness* con una propuesta que también incluía algunas clases sobre amabilidad y ética. Los investigadores lo llamaron M. Secular y M. Ético.[7] Por si te lo preguntas, la «M» es de *mindfulness*. ¡Los científicos podemos ser creativos!

Los investigadores reclutaron a 621 voluntarios para el estudio, quienes meditaron a diario durante seis días. La diferencia, sin embargo, fue que a los participantes de M. Ético se los guio para tener pensamientos amorosos y amables, se les enseñó sobre no dañar a las personas o animales, y sobre que todos estamos conectados, por lo que nuestras acciones tienen consecuencias. Era una especie de resumen condensado del Sendero Óctuple. Y algunos de los ejercicios que proponían se enfocaban en la compasión y la amabilidad.

Igual que antes, la prueba final consistía en ver quién respondería a una situación que requería amabilidad. Se les contó una historia falsa sobre alguien necesitado, similar a la historia de Anna del grupo anterior, y luego se les dio la oportunidad de hacer una donación para una organización benéfica.

El resultado: el equipo de M. Ético dio más que el equipo de M. Secular. Esas lecciones adicionales sobre amabilidad habían marcado una diferencia. Al igual que con otros estudios, también dependía de la empatía disposicional. En ambos grupos, las personas con un nivel alto de empatía donaron más que las de un nivel bajo. El lado positivo fue que quienes habían recibido clases de amabilidad dieron más que los que no lo hicieron, lo cual también ocurrió con las personas con poca empatía. Cuando se le infundió amabilidad a la conciencia plena, todos fueron un poco más bondadosos.

¿Qué significa esto? Significa que la amabilidad cambia nuestros cimientos. No importan la empatía, los valores fundamentales ni la autoconstrucción; aprender un poco sobre la amabilidad y su importancia nos vuelve a todos algo más agradables. Guía la consciencia y el agudo enfoque de ninja que el *mindfulness* fomenta. Orienta nuestro GPS interno para que, al practicar la atención plena, o cualquier otra cosa, nos lleve un poco más por el camino amable. Aprender algo sobre amabilidad en cualquier ámbito aporta más corazón y nos hace más conscientes de ella.

¿Qué es la amabilidad consciente?

Pues bien, antes de pasar al siguiente capítulo, quisiera dejar claro que no estoy diciendo que necesitemos abandonar la meditación centrada en la conciencia plena. Para nada. El *mindfulness* es bueno y saludable, por las distintas razones que he ofrecido al final del Capítulo 1. Además, en sí mismo es más que meditación. Implica ser conscientes mientras vivimos nuestras vidas. Algunos maestros de conciencia plena colocan tanto énfasis en esto como en la práctica de la meditación sentada, tal como lo hizo Jon Kabat-Zinn en sus orígenes.

En efecto, practicar la meditación consciente puede ponernos más alerta sobre oportunidades para ser amables, porque nos hace más conscientes. Pero que actuemos después depende de nosotros.

Aquí hace ingreso la amabilidad consciente, el *kindfulness*, que es:

1. Ser consciente de la amabilidad mientras vivimos nuestra vida. Se trata de ser amable a propósito, porque es lo correcto en un momento particular. Esto también incluye la amabilidad consciente de uno mismo (ya hablaré más al respecto).

2. Cualquier práctica basada en la conciencia plena que también incluya la amabilidad o la compasión, en lugar de solo la respiración, el cuerpo o la mente (que es el *mindfulness*). Puede ser ambos: centrarse en la respiración, pero además dedicarles algo de tiempo a los pensamientos amables y compasivos. (He incluido algunos ejercicios de amabilidad consciente en el Apéndice II).

3. Aprender conciencia plena mientras se recibe cierta educación sobre la amabilidad: qué es, por qué importa, cómo impacta sobre la salud y que puede marcar una diferencia. Nos impulsa a traer la amabilidad a la mente de vez en cuando, antes de hacer cualquier práctica de meditación, lo cual ayuda a orientar la brújula interna.

Ahí lo tenemos. El *mindfulness* es genial, pero con una pequeña pizca de amabilidad se vuelve todavía mejor. Aprender sobre la amabilidad, e incluso traerla a la mente antes de practicar la atención plena, puede ayudar a orientar la brújula moral. Configura nuestro

GPS interno hacia la empatía y la amabilidad. De esa manera, aumentamos la tendencia a ser amables en la vida.

De hecho, la amabilidad tiene mucho más bajo la manga. Puede hacer maravillas en la salud mental, según aprenderemos en el próximo capítulo.

3

Un superalimento para la salud mental

A día de hoy, todo el mundo ha oído hablar de los superalimentos, esos ingredientes mágicos que espolvoreamos sobre nuestros batidos o echamos a nuestras ensaladas: los arándanos, la col rizada y las semillas de chía, que prometen mejorar nuestro bienestar físico. Perseguimos con esmero la potencia de estos nutrientes, porque sabemos que son buenos para nuestro cuerpo. Pero también existe un «superalimento» para tu salud mental. Solo que no proviene de los pasillos de una tienda de productos saludables, ni de las profundidades de la selva amazónica.

Introduzcamos a la amabilidad.

Imagina por un momento que tienes un día de perros. Todo parece salir mal y hay una molesta nube gris sobre tu cabeza que no se va. Entonces alguien (tal vez un colega, un amigo o incluso un desconocido en la calle) te ofrece un simple acto de amabilidad.

Quizás te escuche, te regale unas flores, te dé una palabra de agradecimiento por algo que dijiste la semana pasada o te ofrezca el asiento en un autobús lleno. De inmediato, hay un rayo de sol que atraviesa esa nube. Tu día ya no es tan sombrío como hace un momento.

También es un poco más luminoso para el colega, amigo o desconocido que te ha ofrecido ese rayo de sol. La amabilidad beneficia tanto a quien la da como a quien la recibe. Incluso al que la presencia. La amabilidad es un «gana todo el mundo». La verdad es que los actos de amabilidad (ya sean dados, recibidos o presenciados) no son solo momentos fugaces de felicidad. Son potentes elixires que tienen un impacto profundo y duradero en nuestra salud mental.

No solo es agradable; es poderosa. ¿Lo mejor de todo? Todos podemos obtenerla con facilidad, en cualquier momento y lugar. No se necesita licuadora.

El poder del servicio

Hace unos años perdí a una querida amiga, Margaret. Ella era especial, siempre con el corazón lleno de bondad, gestos de consideración y una risa contagiosa. Charlábamos durante horas y, de vez en cuando, ella me contaba sobre su lucha con una depresión grave.

Uno de los momentos ocurrió después de un episodio particularmente duro que terminó en un intento de suicidio, tras el que pasó un tiempo en un hospital psiquiátrico. Poco después de su alta, le envió un fax a Patch Adams, el médico que cree en el poder curativo de la risa. Acababa de ver una conmovedora película sobre su vida, donde Robin Williams interpretaba su personaje.

Margaret siempre se iluminaba cuando contaba cómo, el mismo día en que envió el fax, Patch respondió. Hacía énfasis en esto: «¡El mismo día!». Para ella, estaba claro que se preocupaba de forma genuina.

En esa nota sentida, Patch compartió un fragmento de su propio viaje, en el que revelaba su roce con pensamientos suicidas. Su consejo fue simple pero transformador: «Sal, entrégate y verás cómo se desvanece tu depresión».

Inspirados, Margaret y su esposo, Kenny, se zambulleron como voluntarios en una organización local de acompañamiento. Decidieron ser ese rayo de luz para otros que tenían dificultades con su salud mental. Y seré honesto: sus esfuerzos crearon olas. Algunas de las personas a las que ayudaron a través de la organización se convirtieron en amigos de por vida.

Lo que Patch dijo realmente funcionó de maravilla para Margaret. Ayudar a otros se convirtió en su faro, que alumbraba su camino con alegría y una meta. La conocí poco después de esta transformación y, para ser sincero, era una de las almas más alegres que he conocido. Hasta se unió al equipo de Patch, se formó como terapeuta de la risa y emprendió algunos viajes increíbles, vestida de payaso, repartiendo risas en hogares de ancianos y hospitales infantiles. El efecto que tenía esta pareja se parecía a la magia. Son historias como la suya las que me hicieron comprender en realidad la profunda conexión entre la amabilidad y el bienestar mental.

Amabilidad: está en nuestro ADN

La amabilidad sienta bien, tanto si eres el que hace la buena acción, al que echan una mano o el que observa la escena. Pero ¿por qué nos sentimos así de atraídos hacia ella? La respuesta se remonta a millones de años atrás.

Nuestros ancestros descubrieron que tenían que compartir; no había tiendas alrededor, así que vivían en comunidades interdependientes. Aprendieron que la unión hace la fuerza. Se unieron, se ayudaron unos a otros y cuidaron juntos de sus pequeños. Eso implicó que prosperara la raza humana.

Esta inclinación se transmitió de una generación a la siguiente, y la siguiente, y la siguiente. Esa sensación de «Sí, esto es lo correcto» es la madre naturaleza dándonos una palmadita en la espalda. Es su forma de decir: «¡Buen trabajo manteniendo a la raza humana en marcha!».

Aquí tienes otro dato curioso: tenemos genes de amabilidad.[1] Son antiguos, tienen como cien millones de años, y podemos rastrear sus raíces hasta hace unos setecientos millones de años. Los científicos evolutivos ahora nos dicen que, a medida que la tendencia a ser amables se fortaleció con el tiempo en la especie, comenzaron a surgir cuatro razones distintas:[2]

1. Amor familiar (altruismo de parentesco)

Básicamente, estamos programados para ser buenos con nuestros parientes más cercanos. Piensa en ello: los padres siempre se preocupan por sus hijos y los hermanos a menudo se defienden mutuamente (incluso después de alguna que otra riña). Hace poco, ayudé a mi hermana a mudarse: ¡es el amor familiar haciendo su magia! Es como un radar interno para esparcir amor, empatía y una vaga sensación de calidez en la familia. Nos hace a todos más fuertes.

2. Energía comunitaria (mutualismo)

Hace mucho tiempo, mantenerse juntos significaba no ser devorados por animales salvajes. La unión hace la fuerza. Si nos adelantamos hasta la actualidad, todavía tenemos esa mentalidad de «Juntos es mejor». Es por eso que creamos clubes, jaleamos a los mismos equipos deportivos o entonamos el himno nacional. Se trata de la lealtad, la unión y el espíritu de «Estamos juntos en esto». ¡Cada vez que sientes camaradería cuando sales en grupo, la energía comunitaria de tus ancestros entra al juego!

3. Me rascas la espalda... (altruismo recíproco)

Se parece a una cuenta invisible. No es intencional, es más bien instintivo: si te ayudo hoy, tal vez tú me ayudes mañana. No es que siempre estemos calculando; se asemeja más a algo automático de confianza. Como si tu coche se averiara y tu vecina te ofreciera llevarte al trabajo. Unas semanas después, ella se va de vacaciones y te ofreces a vigilar su casa. Tu vecina te ayudó por pura amabilidad, pero en el fondo de su mente, sabe que es probable que la ayudes en algún momento. Se trata de confianza, amistad y la satisfactoria sensación de «Te cubro».

4. Demostración de amabilidad (altruismo competitivo)

De acuerdo, a veces hacemos cosas buenas porque, para ser sinceros, queremos brillar. Queremos ser la estrella de un deporte de equipo. Pero no siempre se trata del derecho a fanfarronear: a veces es un impulso interno de ser generosos o heroicos de manera genuina. Oye, si luego obtienes un pequeño empujón en tu estatus social, o unos puntos extra a tu favor, es solo un bonus. En el fondo, puede que esperemos que nos haga quedar bien, incluso aunque no seamos conscientes de ese pensamiento, pero también se trata del impulso profundo de hacer el bien.

Vale, sé que en parte esto suena como si solo fuéramos amables por la recompensa. Pero seamos realistas, la mayoría no está pensando «¿Qué puedo obtener a cambio?» cuando es amable con alguien. Es solo... natural. Instintivo. Es simplemente una parte profunda de nuestra psicología innata, que evolucionó en la psiquis humana para ayudar a la supervivencia de nuestra especie. El hecho de que venga con una buena sensación es la forma en que la madre naturaleza nos da una palmadita en la espalda.

Así que no nos preocupemos demasiado por las razones por las que lo somos. Los académicos pueden pelearse por eso. Solo continúa haciendo lo tuyo con un poco de corazón. La conclusión es que la amabilidad es innata en nosotros. Está en lo profundo de nuestro ADN. Somos amables.

Sé amable para sentir una energía feliz y colorida.

En su libro de 1979 *The healing power of doing good* (El poder curativo de hacer el bien), Allan Luks, director del Centro Sin Fines de Lucro para Líderes de la Universidad de Fordham, acuñó el término «subidón de ayudar». Al revisar los datos cuando estudiaba los hábitos y experiencias de más de tres mil personas que hacían trabajo voluntario, descubrió que más del 95 por ciento experimentan algún tipo de subidón cuando ayudan a alguien: el subidón de ayudar es esa vaga sensación cálida y satisfactoria.

También halló que las personas que ayudan a otros con regularidad tienen muchas más probabilidades de gozar de buena salud que quienes no lo hacen. Sí, de nuevo, esta es la recompensa de la naturaleza. Nos mantiene saludables porque la amabilidad es importante para la supervivencia de todos nosotros.

Desde que Luks realizó su trabajo, existe una gran cantidad de investigaciones que han respaldado sus observaciones. Las conclusiones no solo consisten en que la amabilidad nos hace más felices, sino que también nos ayuda a fortificar la mente, combatiendo la depresión y la ansiedad. Es como una píldora para la salud mental.

En la actualidad, los científicos suelen pedirle a un grupo de personas que actúe con amabilidad una cierta cantidad de veces durante el transcurso de un día, una semana, un mes o algún otro período de tiempo. Luego miden su grado de felicidad. Esto se compara con cómo se sentían antes de hacer las cosas de forma amable o con otras personas que se comportaron con normalidad durante ese período. ¿La amabilidad los vuelve más felices?

Cada versión de las investigaciones señala que sí; incluso si al comienzo te sientes bastante mal. La amabilidad nos saca de nosotros mismos. En el momento en que ayudas a alguien, tu atención se desplaza desde tus propios problemas hacia las necesidades inmediatas de otra persona. Saca provecho de ese conocimiento antiguo, revuelve nuestro ADN. Es como si hubiera burbujas de justicia que emergieran efervescentes hacia la superficie y nos hicieran cosquillas en el corazón.

Y te ayuda a ver el mundo de un modo distinto, más brillante. Casi todos hemos pasado por la experiencia de que la tristeza se lleve algo del color de la vida. Todo a nuestro alrededor parece tomar un tono gris monocromático. No se trata solo de una sensación; es algo real. Las emociones negativas surten efecto sobre la forma en que se procesa el color en el cerebro[3] y pueden hacer que estos parezcan menos vivos. Por otro lado, las emociones positivas, como el impulso que obtenemos de la amabilidad, nos ayudan a ver los colores de manera más intensa. En otras palabras, cuando eres amable no solo te sientes más ligero, también ves el mundo más brillante.

El dinero puede comprar la felicidad... cuando lo das

En una ocasión, un grupo de científicos de la Universidad de Columbia Británica en Canadá solicitaron a 632 personas[4] que registraran a diario cómo gastaban su dinero en el transcurso de un mes. Les pidieron que anotaran todo: desde pagar las facturas hasta hacer las compras, almorzar, donar a una organización benéfica, comprar regalos para otros, darse un capricho con unos vaqueros o un día de *spa*, tomarse un café con un amigo o llenar de gasolina el coche, comprar un paquete de chicles, un racimo de plátanos o una botella de agua. Todo.

Resultó que las personas más felices eran aquellas cuyas listas incluían gastar algo de dinero en los demás. Los investigadores se preguntaron si importaba la cantidad. Seamos sinceros, a algunas personas les sobra el dinero, mientras que otras apenas llegan a fin de mes. Con seguridad, la madre naturaleza no recompensará en mayor medida a los ricos más que a los pobres.

Así que elaboraron otro estudio. Esta vez, dieron cinco o veinte dólares a los voluntarios y a una mitad le solicitaron que gastara el dinero en otras personas, mientras que a la otra le pidieron que lo gastaran en sí mismos.

¿El resultado? Cuando terminó el día, sin importar la cantidad de dinero que se les había dado al principio, eran más felices si lo habían gastado en otros que cuando lo habían usado en sí mismos. No importaba si eran cinco o veinte, como tampoco importaría si fuera un dólar o un millón.

A veces ayuda saber que lo que estás dando tiene un efecto positivo. Los investigadores han hallado que donar dinero a causas benéficas aumenta en mayor grado la felicidad[5] cuando entendemos cómo se va a utilizar lo donado.

El hecho es que, en sí mismo, el dinero no tiene nada que ver. Lo valioso es la amabilidad. Sin importar lo que se dé, ya sea dinero, comida, un regalo, nuestro tiempo, apoyo o incluso nuestra amistad, lo que nos hace felices es el acto de dar, y sentimos satisfacción cuando vemos, o al menos sospechamos, que habrá una sonrisa en la cara del destinatario.

Un efecto protector

La amabilidad puede protegernos contra la depresión. Según las investigaciones, las tasas de depresión son mucho más bajas entre quienes hacen voluntariado con regularidad[6] que en la población general. Por supuesto, es justo asumir que algunas personas participan como voluntarias porque gozan de buena salud y tienen tiempo libre y recursos que les permiten hacerlo. Pero, aun teniendo esto en cuenta, también es cierto que el voluntariado tiene en sí mismo un efecto tónico.

De nuevo, esta es la recompensa de la naturaleza. Ayudarnos unos a otros nos fortifica. Construye un sentido de resiliencia neurológica y psicológica frente a los factores estresantes de la cotidianeidad, los cuales podrían haber tenido consecuencias poco saludables en condiciones normales.

En 2020, la Mental Health Foundation (Fundación de Salud Mental) llevó a cabo una encuesta en esta línea.[7] Encontraron que el 63 por ciento de los adultos de Reino Unido estaban de acuerdo con que las personas que son amables con las demás tienen un efecto positivo en su salud mental.

La noción del efecto protector de la amabilidad no es novedosa. Ni siquiera comenzó con Allan Luks, aunque fue uno de los primeros de nuestra era en visibilizarlo de manera pública. En 1796, el cuáquero inglés William Tuke declaró que el «tratamiento moral» era una forma de ayudar a las personas con problemas de salud mental.[8] Había establecido al norte de Inglaterra el «Retiro de York», donde los pacientes iban a vivir. En aquel momento, por lo general se encerraba a las personas con problemas de salud mental o sufrían en asilos presumiblemente inhumanos y brutales de la época. Su propia hermana había pasado por ello.

Pero en el Retiro de York, los residentes no recibían un tratamiento convencional. En cambio, se los alentaba a ayudarse entre sí; se les pedía que cuidaran de la «familia» de otros pacientes. El «tratamiento» era la amabilidad, que se expresaba en confianza, respeto y autonomía. Cocinaban y limpiaban para todos. Escuchaban con atención. Jugaban. Cortaban el césped y regaban las flores. Todo lo hacían el uno para el otro. Funcionó y mejoraron.

El Retiro de York fue tan exitoso que el modelo de tratamiento moral se adoptó en Estados Unidos. Allí, obtuvo gran popularidad y a lo largo de las décadas siguientes se extendió por todo el país. Los psiquiatras estaban tan impresionados por las mejoras de sus pacientes que creían con franqueza que, de alguna manera, el tratamiento moral causaba «cambios orgánicos en la materia cerebral». Hoy en día, sabemos que esto es cierto. Experimentar la amabilidad con regularidad altera los circuitos cerebrales de una forma positiva, que ayuda a mejorar el estado de ánimo y contrarrestar el estrés y la ansiedad.

El tratamiento moral había caído en el olvido durante un siglo o más…; hasta ahora, que existe un creciente interés en la comunidad científica. Y los primeros resultados ya han llegado. La evidencia es clara: ya no hay duda de que la amabilidad (ya sea dada, recibida o incluso presenciada) ayuda a nuestra salud mental.

Cambios orgánicos en la materia cerebral

Gracias a los desarrollos tecnológicos modernos, ahora podemos ver cómo los actos de amabilidad iluminan nuestro cerebro. Ahí arriba se celebra una agradable fiesta. Primero, cuando vives una experiencia de amabilidad, tu cerebro libera sustancias químicas asombrosas como dopamina, serotonina y oxitocina, además de opiáceos naturales como la endorfina. ¡Son el propio «batido feliz» del cerebro!

La oxitocina, por ejemplo, es increíble. Es una cadena de nueve aminoácidos a la que me gusta apodar «la hormona de la amabilidad», porque aparece cuando experimentas esta sensación. Es como cuando estás estresado y tu cuerpo libera hormonas del estrés, ¡solo que mucho más divertido!

Es curioso, pero lo que desencadena estas hormonas no son los actos reales de amabilidad ni los eventos estresantes. Es cómo nos sentimos acerca de ellos y qué significan las experiencias para nosotros. Imagina a dos amigos que están en un atasco de camino a un gran evento. Uno entra en pánico, pensando que están condenados, y soltando un diluvio de hormonas del estrés. El otro se encuentra muy tranquilo, disfrutando de la radio. A pesar de estar en la misma situación, solo la persona estresada recibe el pico de hormonas del estrés. En sí misma, la situación tiene poco que ver con el pico de hormonas, porque la persona tranquila no lo está recibiendo. Lo que produce estas hormonas es la experiencia del estrés.

De manera similar, si dos personas realizan una buena acción, pero en realidad solo una lo hace de forma genuina, de modo que por dentro tiene una ligera sensación de calidez, ¿adivina quién recibirá la dosis de «hormona de la amabilidad»? ¡Claro, esa persona!

Esta también es la razón por la que no es necesario que seas amable para generar hormonas de la amabilidad. Puedes experimentar esa sensación alegre siendo quien recibe la buena acción o incluso quien la ve suceder… incluso a través de las redes sociales.

En cierto sentido, las hormonas de la amabilidad y del estrés son moléculas de emoción, para utilizar un término acuñado por Candace Pert, en un libro que lleva ese nombre. Candace fue una neurocientífica y farmacóloga que descubrió el modo en que opiáceos como la endorfina se unen en el cerebro. Señaló que las experiencias emocionales producen neuropéptidos, que luego desencadenan cambios físicos en el cuerpo. De esta manera, las experiencias emocionales a menudo provocan efectos físicos en todo el cuerpo. Su investigación ayudó a iniciar un campo completamente nuevo donde las emociones, el cerebro y el sistema inmunitario se unen: la psiconeuroinmunología. (Un trabalenguas, lo sé. ¡La mayoría de la gente la llama PNI porque es más fácil!).

Cuando eres amable, tu cerebro libera sustancias químicas que te hacen sentir bien, como la dopamina, la serotonina, la oxitocina y la endorfina,[9] y te dan esa sensación cálida y satisfactoria. Es como la recompensa de la naturaleza por ser estupendo.

¿Recuerdas la conciencia plena? Su práctica regular causa cambios físicos en el cerebro. Es como ir al gimnasio y trabajar un músculo.

Tres cosas suceden cuando haces ejercicio con regularidad: los músculos se vuelven más firmes, grandes y fuertes. Pues sucede algo parecido en el cerebro, aunque el crecimiento muscular no suele caber cuando hablamos de esta parte del cuerpo. Los científicos lo denominan «neuroplasticidad», pero es algo similar. Cuando practicas la atención plena con regularidad, los componentes del cerebro se vuelven más firmes, grandes y fuertes (con más conexiones; como un árbol que desarrolla más raíces). En lugar de desarrollar bíceps, fortaleces distintas partes del cerebro.

Practicar el *mindfulness* aumenta el área de atención del cerebro (parte de la región de la frente, conocida como la «corteza prefrontal dorsolateral»), mientras que practicar la amabilidad y la compasión o *kindfulness* fortalece las regiones de la felicidad y la empatía. Cuanto más lo ejercites, más cambios orgánicos habrá en tu materia cerebral, lo cual te hará sentir más feliz y empático.

El condimento de la sopa comunitaria

¿Alguna vez se te ha caído la cartera y alguien la ha recogido por ti, te han invitado a almorzar o has recibido una propina inesperada por un trabajo bien hecho? ¿O tal vez alguien te ha llevado una taza de té a la cama? Si es así, estarás de acuerdo: hay una calidez especial en estos gestos, y no estoy hablando solo del té.

La amabilidad es como un ingrediente mágico en la sopa de la vida. Tiene la capacidad asombrosa de hacer que los lugares y los grupos se sientan a gusto, como en casa. Incluso si eres un novato, con un acto de amabilidad puedes sentir que hace años que formas parte del grupo.

Es universal. La amabilidad trasciende las barreras lingüísticas, las diferencias culturales e incluso esas señales sociales incómodas que a veces nos perdemos. Es el jersey de la conexión humana que le queda bien a todo el mundo.

Y, además, genera confianza. Cuando alguien extiende una mano de amabilidad, es como si dijera: «Oye, te tengo». Es una sensación reconfortante, ¿no? Con el tiempo, estos pequeños gestos se acumulan y sientan los cimientos de la confianza.

No olvidemos que la amabilidad genera ondas. Como la piedra que cae en un estanque, estas se extienden y llegan hasta orillas lejanas. De manera similar, un acto amable puede inspirar otro, creando una cadena de buena voluntad y buenas energías. Antes de que te des cuenta, cada persona se siente envuelta en un círculo de calidez y pertenencia.

Menciono esto porque, en un mundo que en ocasiones parece demasiado vasto y desconectado, son las pequeñas gotas de amabilidad las que nos unen todavía más. Estos gestos pequeños, sinceros y honestos se entretejen en la acogedora colcha de la comunidad. La amabilidad no trata solo de ser amable, sino de crear espacios a los que todas las personas sientan que pertenecen.

Hacer actos de amabilidad en persona puede ser especialmente beneficioso, ya que añade ese condimento extra de conexión social. Por ejemplo, aunque donar a una organización benéfica puede animarte (además de contribuir con quienes la organización ayuda), el voluntariado en persona con frecuencia puede contribuir a nuestra salud mental en mayor medida. De la misma forma, invitar a un amigo a tomar un café o cocinarle una cena es mejor que enviarle una tarjeta regalo para un café o comprarle un vale de comida. Ayudar de maneras que construyan conexión social es como condimentar la sopa comunitaria con calidez.

Un antídoto inesperado contra la ansiedad

Te contaré algo que probablemente no sepas sobre mí. Me gusta tanto el café que no puedo evitar usarlo en mis analogías. Bueno, en realidad, hay dos cosas. La otra es que a veces lucho con la ansiedad. Me he sentido así de forma intermitente desde que era niño. Puedes imaginar mi satisfacción cuando aprendí por experiencia propia que la amabilidad en ocasiones puede ser un antídoto contra ella, sin importar si eres quien la da, la recibe o la observa.

Volvamos a las analogías del café… Supongamos que te encuentras en un bullicioso café, el barista trata de seguir el ritmo de los pedidos de una manera frenética, la gente golpetea sus teclados (yo, por lo general, que escribo mis libros en cafeterías) y hay una persona (siempre hay una) hablando demasiado alto por el móvil. Sin embargo, hay cierta atmósfera. Esa es una de las razones por las que me encanta escribir en cafés.

Aun así, he pasado por momentos en los que mi ansiedad aparece de la nada mientras estoy en la fila para pedir. Pero de vez en cuando sucede algo memorable: alguien ha pagado al barista los cafés de las siguientes personas. Ese pequeño acto de amabilidad lo cambia todo. De repente, el mundo no parece tan acelerado, sientes un resplandor cálido en tu interior y una especie de extraña conexión con quien dejó el dinero. He descubierto que también funciona al revés. Yo también le he dejado dinero al barista, y he tenido una sensación de bienestar y resplandor cálido durante mucho tiempo.

Pero no se trata solo de recibir café gratis ni de regalárselo a alguien más. El café no tiene nada que ver con esto, a excepción de que escribí esta analogía mientras sorbía una taza del delicioso néctar negro. En realidad se trata de amabilidad, que puede funcionar de antídoto contra la ansiedad.

A nivel práctico, ocurre que la amabilidad te saca de ti mismo, tanto si la das como si la recibes. Si has luchado contra la ansiedad, sabes cómo funciona. Te sientes hundido hasta el cuello, mientras tus pensamientos parecen enredarse, como si estuvieras atrapado en un torbellino de «¿Y si…?». No hay pensamiento racional posible que ayude. Sin embargo, un poco de amabilidad puede servir de empujoncito para romper el ciclo.

Quizás sea tan sencillo como hacerle un cumplido a alguien o ayudar a un vecino; o, como he mencionado, dejar dinero para pagar los cafés de los siguientes clientes. Ese acto redirige tu foco y, antes de que puedas darte cuenta, la ansiedad ha pasado a un segundo plano.

Mientras esto sucede, los actos de amabilidad pueden generar una liberación de oxitocina. Esta estupenda hormona de la amabilidad, a menudo llamada la «hormona del amor», es genial para reducir la ansiedad y aumentar los sentimientos de confianza y satisfacción. En realidad, baja la intensidad de aquellas regiones del cerebro que son centrales en la experiencia de la ansiedad, equivalente a bajar la intensidad de las luces cuando la habitación está demasiado iluminada. En esencia, ser amable se parece un poco a preparar un móctel calmante para el alma.

Y, por otro lado, está la conexión. La ansiedad puede hacernos sentir aislados, aunque estemos rodeados por una multitud. Con todo, la amabilidad cierra esa grieta. Es uno de los efectos secundarios de la amabilidad en persona. Nos recuerda que estamos todos juntos en esto, además de crear un sentido de pertenencia. Y, cuando nos sentimos conectados, suele disminuir la ansiedad. No pueden coexistir ambos sentimientos; a medida que sientes conexión, tu ansiedad disminuye.

Esto se probó en un estudio de ciento quince personas con una ansiedad elevada. Se les pidió que realizaran seis actos de amabilidad a la semana durante un mes. Al final del plazo, se sentían mejor, más satisfechos en sus relaciones y menos propensos a evitar las interacciones sociales.

Verás, cuando estamos ansiosos, imaginamos los peores escenarios en nuestras interacciones con los demás. Pero cuando hacemos actos amables en persona, nuestras interacciones son dominadas por la gratitud y los estados de ánimo positivos. A través de la experiencia, esto cambia nuestra expectativa sobre lo que ocurre al interactuar con otros.

Entonces, creo que todos podemos concordar en que, aunque en ocasiones la vida puede ser una mezcla abrumadora de dificultad y ansiedad, cuando añadimos una pizca de amabilidad, por lo general la taza sabe un poco más dulce.

De acuerdo, suficientes analogías con café. Es lo que sucede cuando escribo en cafeterías.

Un precioso día en el vecindario

Hace poco vi *Un amigo extraordinario*, donde Tom Hanks interpreta al señor Rogers. Debo admitir que, hasta ver la película, no sabía demasiado sobre él. Es un personaje famoso en Estados Unidos, pero no tanto en Reino Unido, donde yo vivo. La película me conmovió de verdad. ¡Ahora soy fanático!

El señor Rogers, también conocido como Fred Rogers, era un hombre bondadoso en la vida real. Pasó sus días haciendo programas de televisión para niños, enseñando sobre ser amables unos con otros y sobre lidiar con los sentimientos. Esta es la parte interesante: para él, ser así de bueno por televisión no era solo una actuación. Era alguien bueno por naturaleza y le encantaba ayudar. Solía decir que ayudar a los niños era la mejor parte de su vida; era una fuente de alegría y buenas energías mentales. Además, solía ir a hospitales de visita e incluso respondía él mismo las cartas de sus seguidores. Todos estos pequeños actos de amabilidad no solo calentaban los corazones de los demás, sino que lo hacían con el suyo. En cierto modo, nos demostró que ser amable no solo es bueno para otros, sino que también es bueno para tu propia alma.

Ahora hablemos de Lady Gaga. Soy un gran admirador, pero no solo de su música. Ella leyó uno de mis libros sobre la amabilidad y le pidió a su organización benéfica, la Fundación Born This Way, que fundó junto a su madre, Cynthia, que contactaran conmigo para ver si podíamos trabajar juntos de alguna forma.

Tiempo después, pasé un día con Cynthia y visité un proyecto de una escuela en Long Island en el que colaboraron. Invitaron a los niños a usar parte de su dinero de Navidad para comprar regalos para los hijos de mujeres alojadas en un refugio local. Cuando llegamos, todo el pasillo estaba lleno de regalos que los niños habían comprado. Luego hicieron una fila y fueron pasándolos hasta cargarlos en un autobús escolar. Al final, hasta tuvieron que meterlos a presión, tal era su generosidad.

Después, la escuela pidió a los niños que escribieran sobre su experiencia. ¿Cómo se habían sentido ayudando a los demás? ¿Qué impacto podrían tener los regalos en los niños sin hogar? ¿Cómo podía la amabilidad cambiar el mundo? Ese tipo de cosas.

Lady Gaga y Cynthia abogan por la amabilidad y la salud mental. Gaga ha hablado en público de manera abierta sobre su propia lucha contra la ansiedad y la depresión, pero decidió convertir sus experiencias en algo positivo. Por eso creó la Fundación Born This Way junto con su madre. Se dedican a compartir amor y aceptación, en especial con quienes se enfrentan a problemas de salud mental. Su fundación trabaja duro para crear espacios seguros para los jóvenes, ayudándolos a sentirse aceptados y apoyados.

Mientras va cambiando el mundo, Lady Gaga también se cambia a sí misma. Ha declarado que ser amable y cuidar a los demás le trae felicidad. Es como una doble victoria: ayuda a los demás mientras dentro siente mayor calidez.

No me gusta mencionar nombres, y no pensaba citar a Lady Gaga ni a Cynthia, pero simplemente admiro en profundidad el trabajo que hacen y su compromiso con la amabilidad y la salud mental de los jóvenes.

Los niños disfrutan de la amabilidad

Los niños son bondadosos por naturaleza. Se sienten bien ayudando, al igual que la mayoría de los adultos. Unos investigadores de la Universidad de Columbia Británica realizaron un estudio increíble con niños menores de dos años,[10] en el que les dieron marionetas para que jugaran. En ocasiones, los pequeños recibían una golosina, mientras que otras veces se las daban para sus marionetas, y a veces, les pedían que compartieran sus propias golosinas con la marioneta.

Los investigadores querían saber si el acto de dar volvía más felices a los niños, al igual que sucede con los adultos. Una de las formas en que medimos la felicidad en estos últimos es pidiéndoles que completen elaborados cuestionarios. Pero ¿qué pasa con los niños pequeños? No se puede. En su lugar, los científicos observaron sus expresiones faciales, considerándolas un indicador general de felicidad.

Descubrieron que los niños pequeños eran más felices cuando compartían sus golosinas con la marioneta que cuando las saboreaban ellos mismos. Y eran más felices todavía cuando le daban sus propias golosinas a la marioneta. Lo mismo que ocurre cuando los adultos ayudan a los demás.

También funciona con niños mayores. Les pidieron a niños de entre nueve y once años que hicieran actos de amabilidad durante algunas semanas.[11] Al compararlo con los que no habían participado en la ola de amabilidad, estos eran más felices.

He dado charlas en algunas escuelas durante lo que llaman «semana de la amabilidad», en la que cada curso orienta muchas de sus actividades a aprender sobre ella y practicarla. Han observado que, cuando las escuelas le dan importancia, esta puede ser algo revolucionario y hasta reducir el acoso escolar. Todos se sienten mejor: los niños que son amables y los que la reciben.

En la década de 1970, se realizó un puñado de estudios acerca de la amabilidad entre niños que ya casi se ha olvidado, excepto entre quienes investigan el tema. En uno de ellos, los niños vieron un episodio de la serie de televisión *Lassie*[12] en el que Jeff, el personaje principal, hace todo lo posible por salvar a los cachorros de la perra. Otro grupo de niños vio el mismo episodio, pero sin esa parte, con el objetivo de hacer una comparación. Después de eso, mientras jugaban a un juego donde se ganaban puntos y premios, escucharon un llanto de cachorros. La mayoría de los que habían visto la acción heroica de Jeff dijeron: «¡Tenemos que ayudar a esos cachorros!», y querían detener el juego para hacerlo, aunque significara perder.

Si la amabilidad está en nuestro ADN, también está en el de los niños

Llevamos la amabilidad en nuestros genes, y sí, esto significa que tanto los bebés como los niños pequeños y grandes también la tienen. Desde que nacen, los niños tienen un sentido básico de lo que está bien y lo que está mal. Piénsalo como su «paquete inicial de moral». Los investigadores lo llaman un «primer borrador» de la cognición moral.[13] Es como si heredaran estos esquemas de amabilidad de nuestros antepasados, quienes descubrieron que trabajar juntos era mucho mejor que ir solos. Después, el entorno en el que crecemos moldea estos principios iniciales.

Esto es lo que contiene el paquete inicial:

1. Justicia: hasta los bebés esperan que la gente juegue limpio.
2. Evitar el daño: no lastimes a otros, así de simple.
3. Apoyo dentro del grupo (o «la familia primero»): es probable que compartan sus juguetes o golosinas con su hermanito o hermanita antes de dárselos a un niño al azar.
4. Sentido de autoridad: entienden que hay ciertas personas (como los padres) que establecen las reglas y esperan que respondan y lidien con las transgresiones.

Resulta curioso que los niños también sepan cuándo ajustar estas reglas. Tienen un sentido innato sobre su jerarquía. Por ejemplo, están a favor de compartir (principio 1), pero cuando las cosas escasean, esperan que el trato preferencial de su propio grupo anule lo que sería justo (principio 3).

Algunos biólogos evolutivos piensan que esto se debe a que desarrollamos una expectativa de reciprocidad de las personas más cercanas a nosotros. Analizan esto en términos energéticos, parecido a cuando los economistas usan términos monetarios. Si somos muy amables con todas las personas todo el tiempo, podría costarnos demasiada energía. Nos agotaríamos, porque no recibiríamos la suficiente como para compensar el coste energético. Pero si somos más amables con las personas cercanas, es más probable que recibamos algo a cambio y que nuestro balance de energía se equilibre.

Por supuesto, no es que nos sentemos con una calculadora y lo planifiquemos: es algo del instinto. Se manifiesta en a quién ayudamos primero bajo ciertas condiciones y, por lo general, es a nuestros seres cercanos.

A medida que los niños crecen, su idea de la amabilidad adquiere mayores detalles. En una investigación con niños de cinco y seis años, algunos psicólogos provenientes del King's College de Londres y de la Universidad de Bath[14] encontraron el surgimiento de temas interesantes en las ideas sobre la amabilidad, lo que esta significa y su motivación para ser amables. Estos fueron los hallazgos:

1. Hacer cosas por los demás: compartir juguetes, ayudar a los demás.
2. Relacionarse con los demás: ser amistoso, jugar, no dejar a nadie fuera y, por supuesto, no empujar a los demás.
3. Reglas y valores: ser amable es genial y es lo correcto, pero quizás no tengo que ser amable con las personas «malas».
4. La amabilidad nos afecta: ser amable te hace sentir bien a ti y a los demás, te permite hacer amigos y es contagioso.

Y un último comentario: los niños dicen las cosas sin rodeos. En sus entrevistas para el estudio, dijeron frases como: «Mi hermano me ayuda con las matemáticas y cuando estoy leyendo». «Si alguien se hace daño, lo puedes abrazar si quiere». «Sé amable con todos…, hasta con la gente de Japón y España y Portugal… y también con la señora Jones, la directora». «Sé amable con todos, excepto con los ladrones… porque podrían robarte tus cosas».

Sonríe y el mundo te devolverá la sonrisa

Solía conocer a un tipo que sonreía a todo el mundo. Bueno, me dijo que no a todo el mundo, pero a casi todos. Y añadió que a veces, simplemente, sabes que no deberías hacerlo.

Es probable que algunos pensaran que era raro, pero era mágico pasar el rato con él. La mayoría le devolvía la sonrisa con sinceridad. A algunos los tomaba por sorpresa que sonriera y asintiera con amabilidad, y los sacaba del estado mental en el que estaban atrapados.

Era como si un rayito de sol lo siguiera a donde fuera. Me contó que cuando la gente le devolvía la sonrisa, lo animaba. Había dos motivos para esto: el primero, por el simple hecho de que una persona te sonría, ya que nos hace sentir bien por naturaleza. Es como si el universo dijera: «Hola, lo estás haciendo genial; tú puedes».

Pero el otro es la sensación de estar haciendo algo bueno en el mundo, colaborando con llevar algo de calidez a las personas, y hasta ayudándolas a salir de un estado negativo. Para él, esto aportaba sentido a su vida.

Empezó a hacerlo después de sufrir depresión. Descubrió que ayudar a otras personas también lo ayudaba a él. Luego se dio cuenta de que con tan solo sonreír se lograba mucho.

«Pero tienes que ser genuino», dijo. «Creo que la gente percibe lo genuino. Si no lo eres, es probable que algunos piensen que eres raro. O que estás tramando algo. Y la verdad es que la mayoría te devuelve la sonrisa. De hecho, todos lo hacen, incluso sin darse cuenta».

Los estudios muestran que es automático. En una ocasión, se invitó a un grupo de voluntarios de un estudio de la Universidad de Uppsala, en Suecia,[15] a sentarse frente a una pantalla. Estaba en blanco. Cuando se les preguntó si habían visto algo, todos respondieron que no.

Sin embargo, los científicos habían puesto una cara sonriente en ella, pero solo por unos milisegundos, lo bastante rápido como para que la consciencia no lo reconociera y fuera subliminal.

Los voluntarios llevaban pequeños dispositivos que medían la activación de los músculos cigomáticos mayores. (Son los que tiran de tus labios para sonreír). Sucedió que se movieron los cigomáticos mayores de todos ellos, porque todos sonrieron. Fue rápido, casi imperceptible, un leve gesto, podría decirse, pero los músculos de la sonrisa se movieron al percibir una.

Ni siquiera podemos anular esta respuesta automática frunciendo el ceño. Algunas personas pueden intentarlo y pensar que te han mostrado lo molestos que están con tu sonrisa presumida. Pero antes sonreirán.

En otro experimento, a los voluntarios se les mostraron expresiones faciales de alguien sonriendo o frunciendo el ceño.[16] Les colocaron los mismos dispositivos en la cara y les ordenaron no responder a ellas, o hacerlo de forma opuesta, por ejemplo, frunciendo el ceño en cuanto vieran una sonrisa.

El resultado fue que simplemente no podemos resistirnos a una sonrisa.

Cuando se les mostró una cara sonriente e intentaron no hacer nada o fruncir el ceño, sus músculos se movieron primero; antes de que sus mentes pudieran anularlo a conciencia.

Así que, si alguna vez le sonríes a alguien y no te devuelve el gesto, o te mira como diciendo «¿Por qué me miras con esa sonrisa presumida?», consuélate con el hecho de que en realidad primero sonrieron. Solo que no lo saben.

4

Lo contrario al estrés

¡Comencemos con un cuestionario! ¿Qué se te viene a la mente cuando digo «lo contrario al estrés»? Apuesto a que piensas en paz, calma o tal vez en un ambiente tranquilo. Eso es lo que la mayoría se apresura a pensar. Pero encontramos una vuelta interesante: eso no es lo contrario al estrés; sino la ausencia de estrés. Lo contrario de verdad es la amabilidad.

Lo sé, lo sé; el estrés es una sensación, pero la amabilidad es una acción, entonces, ¿cómo es? Préstame atención. ¿Recuerdas cuando hablé de las hormonas de la amabilidad, que te hacen sentir bien, en contraposición a las del estrés? En realidad se trata de cómo sientes las cosas. Lo diré de otra manera: lo contrario a vivir y sentir estrés es vivir y sentir amabilidad.

Se realizó un estudio en el que los psicólogos enviaron a los participantes un mensaje de texto diario pidiendo dos puntajes:[1] su nivel de estrés (en una escala del 1 al 10) y el número aproximado de cosas amables que habían hecho. Después de unas semanas procesando los datos, encontraron que, en los días en que el puntaje de amabilidad era alto, el de estrés era bajo. Y en los días en que el puntaje de estrés era alto, el de amabilidad era bajo. Era un total balancín de opuestos: cuando uno subía, el otro bajaba.

Sin embargo, te diré que solo porque un día seas particularmente amable no significa que no vayan a suceder cosas estresantes. Así es la vida, como todos sabemos. Una de sus especialidades son los balones inesperados, que pueden caer sobre tu cabeza sin importar lo amable que seas. Pero el lado positivo del estudio fue que, cuando las cosas malas suceden, las sensaciones inducidas a través de la experiencia de amabilidad pueden quitar algo de su fastidio.

En pocas palabras, la amabilidad es como el caramelo secreto de la vida, que endulza las circunstancias estresantes. No hará que los problemas se esfumen, pero es como una almohada para la mente cuando todo lo demás se parece a remontar un río salvaje. Ayuda a desarrollar resiliencia frente al estrés. Reduce el impacto mental y emocional de algunos eventos estresantes; lo suficiente como para que sirva como un protector adicional de nuestra salud mental, en esos días en que la vida se asemeja a nadar contra una fuerte corriente. Y, en especial, cuando un problema más podría hacernos perder el control.

A nivel químico, en parte se debe a nuestra cálida y acogedora hormona de la amabilidad, la oxitocina. Así como el estrés produce hormonas como la adrenalina y el cortisol, la experiencia de la amabilidad produce hormonas afines.

Además de ser una hormona de la amabilidad, la oxitocina tiene varios otros nombres cariñosos con los que puedes reconocerla: la droga del amor, la droga del abrazo, la química del arrumaco, la hormona del vínculo. Pero lo fascinante es que reduce la actividad de las regiones del cerebro asociadas con el estrés, como la amígdala. Piensa en ello como un botón para atenuar la luz: pasar por una experiencia estresante activa la amígdala, pero la amabilidad, a través de la acción de la oxitocina, la desactiva. ¡Opuestos!

En un artículo de investigación en el área, un grupo de científicos indujo un estado de estrés en voluntarios mientras estaban dentro de un escáner de imagen por resonancia magnética, y la actividad en la amígdala se disparó. Pero cuando antes les daban una dosis de la hormona de la amabilidad por la nariz, la actividad de la amígdala frente al estrés no alcanzaba niveles tan altos.[2] La hormona protegía a los voluntarios contra el estrés a nivel neurológico. (En caso de que te preguntes por qué es por la nariz, ayuda a que la oxitocina cruce la barrera hematoencefálica. Se trata de una barrera que hay entre el cerebro y el cuerpo, y ayuda a bloquear cosas como bacterias y virus para que no entren en el cerebro, pero los porteros dejarán pasar a la hormona de la amabilidad).

Cuando nos sentimos estresados por algo, lo habitual es tratar de relajarnos. Hacer unas inspiraciones lentas. Y sí, ¡hazlo! Pero ahora puedes ir un poquito más allá. Si estás estresado, prueba con la amabilidad.

Intenta tener algunos pensamientos amables. ¿Quién ha estado para ti hace poco o en el pasado? ¿A quién has ayudado y de qué manera? Piensa en la persona más amable que conoces. ¿Qué la hace particularmente amable? También puedes salir y ser amable. ¿Conoces a alguien a quien podrías prestarle un oído amigo o una mano bondadosa? Podrías intentar las prácticas de meditación de amabilidad consciente del Apéndice II, centradas en la compasión y la amabilidad.

Actividades de amabilidad consciente como estas pueden cambiar el cerebro en términos orgánicos; algo similar a los efectos de la conciencia plena, [3] solo que las regiones impactadas son distintas. La meditación centrada en el *kindfulness* potencia regiones del cerebro (como la corteza prefrontal medial) que ayudan con la experiencia de la emoción positiva y la felicidad. A medida que estas regiones se fortalecen, extraer felicidad y alegría de los momentos cotidianos de la vida se hace un poco más fácil.

Esto no significa que vayas a ser siempre feliz al instante, pero sí que la felicidad se vuelve un poquito más accesible, porque esta parte del cerebro ya ha sido entrenada. Como cuando correr 5 kilómetros en menos de cuarenta minutos se vuelve un poco más accesible si entrenas tu resistencia muscular.

Continuando con los cambios orgánicos en el cerebro, practicar la amabilidad consciente también potencia las regiones de la empatía (por ejemplo, la ínsula), lo cual facilita que empaticemos con otros que sufren o están en apuros.

La amabilidad es el caramelo secreto en el pastel de manzana de la vida y el antídoto definitivo contra el estrés. Pero, por supuesto, tu corazón debe estar en el lugar correcto, por así decirlo. Es una frase que aprendí de pequeño: hacer las cosas por las razones correctas.

Aquí es donde entra en juego la paradoja de la naturaleza.

La paradoja de la naturaleza

A esto lo llamo el «fallo del sistema». Recordarás que antes he dicho que las hormonas de la amabilidad se producen solo si esta es genuina. Piénsalo. Necesitas crear esas hormonas para obtener su efecto positivo, y estas se producen por cómo sientes la experiencia. Tienes que sentirla.

Y solo lo haces cuando vas en serio.

Esa es la paradoja de la naturaleza: solo obtienes los beneficios de la amabilidad si lo dices en serio, si eres genuino. Es como si la naturaleza lo hubiera incorporado en la ecuación de la vida. Si vas en serio, lo sentirás, y luego obtendrás el estímulo antiestrés, además de otro montón de beneficios para la salud.

Así que ten en cuenta que la amabilidad puede traer beneficios para tu salud mental, pero hay una condición importante: tiene que ser genuina.

La amabilidad rejuvenece tu cerebro... y tu cara

La mayoría sabe que el estrés acelera el envejecimiento, pero tal vez nunca haya pensado en lo que hace la amabilidad. Sí, otra vez encontramos el balancín de opuestos: la experiencia de la amabilidad incluso puede desacelerar la velocidad a la que envejece tu cerebro.

En una ocasión, unos investigadores de la Universidad de Wisconsin-Madison y de la Escuela de Medicina de Harvard compararon el cerebro de un monje budista tibetano con el de personas de la población general.[4] Estos monjes meditan todos los días centrándose tanto en la conciencia plena como en la amabilidad consciente y siguen el Sendero Óctuple, que arraiga sus pensamientos, palabras y acciones en la compasión y la amabilidad. Se rumoreaba que siempre parecían felices y desafiaban el envejecimiento normal.

Los investigadores hicieron cuatro resonancias del cerebro del monje en un período de catorce años y las compararon con las de ciento cinco personas de la población general de entre 25 y 66 años. Estos resultados les permitieron obtener una imagen de cómo se ve un cerebro envejecido.

Descubrieron que, aunque el monje tenía 41 años, la edad biológica de su cerebro era solo de 33, ¡ocho años más joven! Su cerebro envejecía con mucha mayor lentitud que el de una persona normal. La razón que encontraron fue el ejercicio intensivo de meditar, que involucraba tanto la conciencia plena como la amabilidad consciente.

Hay otro estudio que llevó el tema del envejecimiento un poco más allá, para observar los extremos del ADN.[5] Se llaman «telómeros» y son como los herretes en los cordones de tus zapatos (esas piezas de plástico en la punta). Tanto los telómeros como los herretes se desgastan bajo estrés. De hecho, medir la longitud de tus telómeros y la rapidez con la que se desgastan es una de las formas más precisas de calcular la edad biológica.

En la investigación, los voluntarios practicaron *mindfulness* o *kindfulness* todos los días durante seis semanas. Luego se comparó la longitud de sus telómeros con personas que no practicaban ninguno de los dos. Los investigadores descubrieron que el primero desaceleraba un poco la tasa de disminución de la longitud de los telómeros, pero que la amabilidad la detenía por completo.

Por supuesto, esto no significa que el *kindfulness* vaya a hacer que no envejezcas. Eso sí, llevo practicándolo a diario desde hace 127 años y me suelen decir que no parezco de más de 126. Hablando en serio, este fue un único estudio realizado durante un período de tiempo relativamente corto, además de que midió una sola cosa: la longitud de los telómeros. Sin embargo, nos dice que la experiencia de la amabilidad puede tener un impacto sobre el envejecimiento de nuestras células de maneras bastante asombrosas e intensivas. Entre otras cosas, es posible que fuera lo que estaba sucediendo en las células cerebrales del monje budista tibetano que llevaba años practicando la amabilidad consciente todos los días.

Por si fuera poco, los científicos realizaron un estudio sobre las células de la piel.[6] Pusieron las células bajo estrés en el laboratorio de una manera que pretendía simular la tensión de nuestra piel frente a mucha luz UV, la dieta que consumimos y el estrés mental y emocional que padecemos.

Luego examinaron qué sucedió con ellas. Un hallazgo fue un gran aumento en los radicales libres: sustancias que juegan un papel clave en el envejecimiento, las enfermedades cardíacas, la pérdida de memoria, la demencia y un montón de condiciones relacionadas con la edad.

El estrés aumenta los radicales libres en la piel; entendido. Pero después repitieron el proceso en presencia de oxitocina, la hormona de la amabilidad que he mencionado antes. Ahora bien, por sorpresa, los niveles de radicales libres fueron mucho menores. Las hormonas de la amabilidad contrarrestan algunos de los efectos del envejecimiento en nuestra piel.

Aquí está el asunto: no puedes comer ni beber hormonas de la amabilidad. No puedes comprarlas en forma de suplemento, ni hacer zumos con ellas. No puedes ponerlas en cremas faciales ni aceites. Solo se pueden crear dentro del cerebro y el cuerpo.

Y una de las formas de hacerlo es siendo amable y genuino al respecto.

Actuar desde el corazón es bueno para tu sistema inmunitario

El estrés crónico no es lo que se dice «amigo» de nuestro sistema inmunitario. En realidad, puede bajarle los humos. Algunos investigadores empezaron a pensar que tal vez ser amable tiene algo que ver con mantener nuestro sistema inmunitario en excelente forma, ayudándonos a defendernos de las enfermedades. Para poner esta idea a prueba, midieron cómo la amabilidad afectaba a ciertos genes del sistema inmunitario (los genes de «Respuesta conservada transcripcional a la adversidad» o CTRA, por sus siglas en inglés) en 159 adultos.[7]

Descubrieron que, cuando las personas eran amables con los demás, había cambios clave en la actividad de los genes: ¡la amabilidad no solo afecta a nuestras células, sino que también tiene efectos genéticos de antienvejecimiento!

Otros investigadores solicitaron a un grupo de voluntarios que viera una película inspiradora[8] con escenas que mostraban actos de compasión y amabilidad. Tomaron los niveles previos y posteriores de uno de los anticuerpos del sistema inmunitario y descubrieron que, con solo ver la película, estos se incrementaban en alrededor del 50 por ciento. El aumento se mantuvo alto durante varias horas después, porque los voluntarios seguían recordando escenas específicas que los habían conmovido. Con solo recordar la amabilidad había un efecto de refuerzo del sistema inmunitario y antienvejecimiento.

Un corazón amable es un corazón feliz

En la actualidad, se sabe que el estrés puede aumentar la presión arterial. Lo que no es tan conocido es el modo en que la amabilidad puede reducirla.

El estudio del Capítulo 3 mostraba cómo la felicidad aumentaba cuando las personas gastaban dinero en otros, en lugar de en sí mismas. Los investigadores decidieron hacer un estudio similar con adultos mayores;[9] solo que ahora no midieron la felicidad, sino la presión arterial.

Se pidió a los participantes que gastaran dinero en otros o ellos mismos durante tres semanas. Después de este tiempo, quienes lo habían usado en otros tenían una presión arterial sistólica y diastólica más baja que aquellos que lo habían gastado en sí mismos. Para sorpresa de todos, la magnitud del efecto era tan fuerte como tomar medicamentos antihipertensivos o hacer ejercicio.

Buena parte de esto se debe a las hormonas de la amabilidad, que aparcan en el revestimiento de nuestros vasos sanguíneos. Bueno, cuando digo «aparcar» quiero decir «unirse a los receptores». Ese es el término farmacológico, pero a fines prácticos, de aquí en adelante usaremos el primero.

En el cerebro y el cuerpo existen montones de plazas para que las células aparquen. En algunos aspectos, son similares a los grandes aparcamientos, como los que hay en las áreas de servicio de una autopista. Hay plazas para autobuses y caravanas, otras más pequeñas para los vehículos utilitarios, de tamaño promedio para coches estándar, e incluso pequeñas y delgadas para motocicletas. Cada vehículo solo encajará con comodidad en su propio sitio.

En los vasos sanguíneos, también hay vehículos y plazas para aparcar, excepto que los vehículos son hormonas y las plazas son nuestros sitios de unión a los receptores. Muchos de los que recubren los vasos sanguíneos tienen el tamaño perfecto para nuestra hormona de la amabilidad. En realidad, se llaman «receptores de oxitocina»; es decir, receptores de la hormona de la amabilidad. Cuando vivimos una experiencia de amabilidad, esta desencadena la liberación de hormonas que se estacionan en estos sitios.

Entonces sucede algo biológico maravilloso; en pocas palabras, la producción de óxido nítrico (no óxido nitroso, que es el gas de la risa). El óxido nítrico es la sustancia que el Viagra ayuda a subir.

También hay PNA o péptido natriurético auricular. Entre los dos (el PNA y, sobre todo, el óxido nítrico), las paredes de los vasos sanguíneos se relajan y se expanden (o dilatan, si queremos usar el término correcto). Ahora bien, con los vasos sanguíneos ensanchados, el corazón no necesita trabajar tan duro para empujar la sangre, por lo que disminuye algo de la presión. Lo que obtenemos entonces es que se reduce la presión arterial.

De esta forma, las hormonas de la amabilidad disminuyen la presión arterial[10] y, por lo tanto, también explica en parte cómo la amabilidad, seas quien la da, la recibe o la presencia, puede reducir la presión arterial. Digo en parte porque además relaja el sistema nervioso, lo cual también reduce la presión arterial. ¡Aquí nadie pierde!

Si alguna vez te has preguntado por qué la amabilidad no solo te hace sentir bien, sino que a veces nos genera esa agradable sensación cálida en el pecho, esta es la razón: aumenta el flujo sanguíneo hacia el corazón, gracias a que los vasos se relajan y dilatan.

Asimismo, es el motivo por el que las madres tienden a tener una menor presión arterial mientras amamantan a sus hijos. De hecho, ahí es donde comenzó toda esta investigación sobre los efectos que tiene la oxitocina para reducir la presión arterial. Los científicos tenían curiosidad sobre el porqué y cómo funcionaba. No pasó mucho tiempo antes de que identificaran su efecto en los vasos sanguíneos, el asunto del aparcamiento y demás.

Debido a este y otros efectos, la oxitocina es conocida como una hormona cardioprotectora; es decir, que protege el sistema cardiovascular, lo cual significa que la amabilidad es cardioprotectora. ¡Increíble! Así como el estrés crónico puede dañar el sistema cardiovascular, la amabilidad lo protege. Una vez más, ¡opuestos!

Sacar la basura

Las hormonas de la amabilidad también ayudan a limpiar la basura de los vasos sanguíneos; lo que nos lleva de nuevo a los radicales libres, que desempeñan un gran papel en el envejecimiento. Los radicales libres se producen en los vasos sanguíneos en respuesta al estrés (junto con la inflamación, que es lo que sucede cuando, por ejemplo, te cortas y comienza a sanar).

Los radicales libres y la inflamación aumentan en el interior de nuestros cuerpos cuando sentimos estrés durante un periodo de tiempo. No importa si es por el trabajo, si estás enfadado porque alguien ocupó tu plaza de aparcamiento, si comes alimentos altamente procesados todos los días o si te tumbas al sol mucho más tiempo del que deberías: es estrés, de todas formas.

Los radicales libres y la inflamación son bastante responsables de gran parte del daño que el estrés causa al cerebro y al cuerpo. Son lo que sucede en el interior mientras vives en el mundo exterior.

Pero aquí está la magia. La amabilidad es lo contrario al estrés, por lo que podemos adivinar lo que las hormonas de la amabilidad hacen con los radicales libres y la inflamación… ¡Eso es! Los sacan junto con la basura.

Hay experimentos en células de las paredes de los vasos sanguíneos y en algunas células inmunitarias que han demostrado que la oxitocina actúa como antioxidante (lo cual significa que neutraliza los radicales libres) y antiinflamatorio (en el sentido de que neutraliza la inflamación, como una especie de ibuprofeno que produce tu propio cuerpo, solo que mejor). Y lo hace tanto en los vasos sanguíneos como en otras partes del sistema inmunitario.

Entonces, mientras el estrés puede crear radicales libres e inflamación, la amabilidad puede eliminarlos a través de la acción de sus hormonas. ¡Opuestos!

Un resumen

¿No resulta asombroso que la amabilidad sea lo contrario al estrés, en términos psicológicos, neurológicos y fisiológicos? Así como un adulto te daba una golosina por portarte bien cuando eras niño, esta es la recompensa de la naturaleza por portarte bien como adulto.

De todas las cosas malas que ocurren en el cuerpo como consecuencia del estrés, la amabilidad elimina bastantes y las tira al cubo de la basura.

La amabilidad calma la mente y crea una sensación cálida, mientras que el estrés hace que te sientas horrible.

La amabilidad baja la presión arterial, mientras que el estrés hace que sientas un hervor en la sangre.

La amabilidad le pone un freno al envejecimiento, mientras que el estrés lo acelera.

La amabilidad hace que tu piel sea más suave y joven, mientras que el estrés hace que parezcamos, por supuesto, estresados.

La amabilidad puede mejorar la función inmunitaria, mientras que el estrés puede suprimirla.

Incluso en las relaciones, la amabilidad puede traer paz, mientras que el estrés tiende a escalar los conflictos.

Y lo mismo para muchas otras cosas que se te ocurran y que los científicos aún no hayan llegado a comprobar. Puedes apostar que, ante cualquier cosa que cause estrés, la amabilidad hará lo contrario.

5

La mayoría de los héroes no llevan capa

Nicholas Winton era un corredor de bolsa británico. En 1939, se enteró de que la situación en Checoslovaquia empeoraba a medida que Hitler expandía su influencia. Preocupado por los niños judíos en riesgo de ser perseguidos, Nicholas comenzó a organizar una operación de rescate.

Trabajó sin descanso, coordinándose con padres y organizaciones de refugiados para conseguir un transporte seguro para los niños hacia Gran Bretaña. Encontró familias de acogida, gestionó el papeleo y consiguió los documentos de viaje necesarios. Logró coordinar que ocho trenes trasladaran a 669 niños de Praga a Londres. Justo a tiempo, también, porque el último tren salió el mismo día que Alemania invadió Polonia.

Nicholas Winton fue un héroe, aunque en un principio, sus esfuerzos fueron eclipsados por el estallido de la Segunda Guerra Mundial y su trabajo permaneció mayormente olvidado durante décadas. Hasta que, en 1988, su esposa encontró un álbum de recortes en su ático en Maidenhead, cerca de Londres, que contenía registros de la operación de rescate, lo cual condujo a descubrir a los niños que había salvado.

That's Life era un programa de televisión de Reino Unido en la década de 1980. En uno de los episodios, invitaron a Nicholas y su esposa. En aquel momento, él tenía 78 años. Esther Rantzen, la presentadora, le acercó la cámara y les contó a los espectadores lo que había hecho en 1939. Luego preguntó: «¿Hay alguien hoy entre el público que le deba su vida a Nicholas Winton?».

Prácticamente todo el público del estudio se puso de pie. El programa había rastreado a varios de ellos y los había convocado ese día… para darle las gracias al hombre que había salvado sus vidas hacía tantos años. Nicholas miró a su alrededor y se encontró con ojos que lo observaban con un afecto profundo y amoroso. Fue uno de los momentos más conmovedores de la televisión británica, visto por millones de espectadores.

Contribuyó a que sus acciones heroicas llegaran al frente de la atención pública. Más tarde, lo condecoraron con la Orden del Imperio Británico y un título de caballero, lo cual lo convirtió en Sir Nicholas Winton. Murió el 1 de julio de 2015 a los 106 años, pero no antes de que la República Checa le otorgara su mayor honor, la Orden del León Blanco (primera clase).

Una vez dijo acerca de sus acciones: «Se puede hacer cualquier cosa que no sea realmente imposible, si uno de verdad se lo propone y está decidido a que se haga». Y si tus acciones están impulsadas por la amabilidad, se pueden hacer milagros.

Aunque lo que hizo fue de un heroísmo extraordinario, te pido que no pienses que una persona común no puede convertirse en héroe. No todos podemos ser Nicholas Winton u Oscar Schindler. De hecho, el heroísmo está a nuestro alrededor bajo formas que apenas reconocemos. A veces, lo encontramos en actos que en apariencia son pequeños y mundanos, pero que crean recuerdos que duran toda la vida, como cuando un padre se convierte en héroe para sus hijos solo con consolarlos cuando se cortan un dedo o se raspan la rodilla.

Creer que la amabilidad tiene que ser visiblemente heroica hace que muchos sintamos una carencia, como si algo tuviera que ser visible para contar como amable. Pero los actos de amabilidad normales y corrientes importan porque son las cosas que hacemos todos los días. Estos, de hecho, son las puntadas en el propio tejido de la sociedad humana. Escuchar a alguien (un amigo o un familiar) que necesite hablar lo hace sentir validado. Sujetar una puerta. Recoger un objeto caído. Ofrecer una sonrisa tranquilizadora o un suave apretón en el hombro que dice: «¡Tú puedes! Y si por casualidad no ocurre, te apoyaré».

Son los padres que trabajan en dos empleos para darles una vida mejor a sus hijos. Son las personas que acogen o adoptan bebés y niños. Es el amigo que deja lo que está haciendo y de inmediato acompaña alguien que se ha peleado con su pareja y siente que su vida ha terminado. Es el compañero de piso que deja de ver su serie favorita porque su compi ha llegado a casa y necesita quejarse del trabajo. Es una palabra amable cuando alguien la necesita (y también cuando no).

Este tipo de cosas nunca serán noticia. Ni siquiera una publicación en redes sociales. A menudo, nadie se da cuenta. Pero son los actos de las personas los que mantienen nuestro mundo unido. No los gobiernos, ni los líderes empresariales. Tampoco los emprendedores tecnológicos. Se trata de quienes se llamarían a sí mismas «ordinarias»; esas personas que son amables todos los días solo porque está en su naturaleza.

El heroísmo es mucho más que demostrar gran fuerza o coraje ante una adversidad inmensa (con frecuencia, que pone la vida en riesgo). No se trata de ser Wonder Woman, Superman o algún otro superpersonaje que vemos en las películas. En la vida real, el heroísmo se extiende mucho más allá de la fuerza física y el coraje.

En la vida real, se encuentra en simples actos cotidianos de amabilidad.

La biología del heroísmo

Mi padre falleció unos meses antes de que comenzara a trabajar en este libro. Tenía un tumor cerebral: glioblastoma multiforme. Su salud se deterioró de golpe en los últimos meses de su vida. Mi madre simplemente dio un paso al frente, sin quejas.

Una vez me contó que su trabajo era cuidar a mi padre. Dejó de lado todas las cosas que solía hacer para sí misma: el bingo semanal con sus amigos; el té de los domingos con su hermana Jane después de la iglesia; la salida nocturna ocasional con antiguos amigos del trabajo. Mis hermanas y yo hicimos todo lo que pudimos para ayudarla a seguir haciendo algunas de esas cosas, pero el modo en que el tumor afectó a mi padre en los últimos meses lo ponía ansioso cuando ella no estaba. Así que mis hermanas y yo organizamos un equipo de apoyo. Se involucró la enfermera del distrito y venía alguien de la organización benéfica MacMillan Cancer Support dos veces al día.

Todavía no sé cómo podía llevarlo mi madre al baño en medio de la noche. Pesaba 89 kg, en parte debido a los esteroides que debía tomar para frenar parte de la inflamación cerebral, y tenía poca fuerza en piernas y brazos. Mi madre tenía 77 años en ese momento. Dormí allí algunas noches, y a ambos nos llevaba casi una hora ayudarlo a llegar al baño ida y vuelta. Pero ella simplemente hizo lo que hizo. Sin quejarse.

Para mí es una heroína y demostró heroísmo a lo largo de toda la enfermedad, al igual que muchas personas que cuidan a sus familiares en casa. La mayoría no es consciente de cuántas personas cuidan a miembros de su familia a tiempo completo, dejando de lado sus propias vidas mientras asumen en silencio un papel que les cambia la existencia.

Lo que quiero decir es que la mayoría de los héroes no llevan capa. A menudo, el heroísmo comienza con nuestra amiga la empatía. Hay algo instintivo; un saber. Podemos ver las chispas en el cerebro, literalmente. Los estudios de imágenes cerebrales revelan activación en las regiones de la empatía cuando una persona actúa con heroísmo.[1]

Presenciar a alguien con dolor activa las regiones del cerebro del observador, como si este mismo lo sintiera. Ver sufrir a alguien nos conmueve en profundidad.[2] Es como si el cerebro no distinguiera entre nosotros y la persona que nos importa; como si fuéramos uno.

Además de que la empatía sirve como motivadora de algunos actos de heroísmo, esto tiene muchas consecuencias, o efectos secundarios, no solo para la persona ayudada, sino también para quien ayuda.

La hormona de la amabilidad (o del heroísmo)

Déjame contarte un poco más sobre nuestra hormona de la amabilidad, la oxitocina, y por qué también es la hormona del heroísmo. Fue descubierta por el farmacólogo y fisiólogo británico Sir Henry Dale en 1906. El nombre que le dio proviene del griego y significa «nacimiento rápido».[3] Esto se debe a que se libera en abundancia durante el trabajo de parto, pero también participa en una amplia gama de otras funciones, incluidas la lactancia, el orgasmo, el vínculo social, los comportamientos maternales, la salud cardiovascular y muchos más.[4] Las mujeres la producen no solo cuando están con sus bebés, sino incluso cuando están separadas de ellos y piensan en ellos.

Se produce en abundancia como respuesta a la empatía y muchas formas de amabilidad.[5] Paul Zak, líder en la investigación de la conexión entre la oxitocina y la empatía, escribió: «Ahora considero a la oxitocina como el sustrato neurológico de la Regla de Oro: si me tratas bien, en la mayoría de los casos mi cerebro sintetizará oxitocina y esto me motivará a tratarte bien a ti también».

Para demostrarlo, un estudio encontró que la oxitocina se producía en abundancia en los cerebros de personas que veían un vídeo donde un padre se quedaba con su hijo hasta que este finalmente moría a causa del cáncer. Sin embargo, cuando otro grupo vio un vídeo plano en términos emocionales, sus cerebros no produjeron nada de oxitocina.

Liderar con el corazón es bueno para el corazón

La amabilidad y el heroísmo provocan efectos en todo el cuerpo. Esto se debe a que los cambios en la oxitocina cerebral se reflejan en cambios en la oxitocina en sangre.[6]

Como he escrito en el capítulo anterior, la oxitocina es una hormona «cardioprotectora» y provoca la liberación de óxido nítrico y péptido natriurético auricular.[7] La producción de óxido nítrico es la clave.

El óxido nítrico es uno de los colegas de la oxitocina; pasan mucho tiempo y hacen muchas cosas juntos. Además, es una de las moléculas más importantes del cuerpo. Es más, en 1992 la apodaron la «Molécula del Año», una especie de versión científica friqui de la «Persona del Año» de la revista *Time*. De hecho, en 1998 se otorgó el Nobel de Fisiología o Medicina al descubrimiento de su papel en el sistema cardiovascular. Uno de los cerebritos que recibió el reconocimiento, el doctor Louis J. Ignarro, incluso la llama la «Molécula Milagrosa». Es un superhéroe cardíaco, ya que desempeña un papel importantísimo a la hora de mantener la salud del corazón y las arterias. Es como el relajante natural del cuerpo, y una de las cosas que relaja son los músculos lisos en las paredes de los vasos sanguíneos.

Así es como la amabilidad reduce la presión arterial.

Como hemos aprendido antes, experimentar amabilidad produce hormonas de la amabilidad (oxitocina). Luego esto pone en acción al óxido nítrico, que relaja los músculos lisos en las paredes de los vasos sanguíneos, de modo que baja la presión arterial.

Y no se trata solo del corazón. La asociación oxitocina-óxido nítrico (también conocida como «liberación de óxido nítrico inducida por oxitocina») contribuye a relajar los músculos lisos en las paredes uterinas cuando llega el momento del parto y asegura que la sangre fluya bien en los órganos reproductores.

Dicho de otra forma, el óxido nítrico hace que las cosas fluyan con suavidad en el sistema cardiovascular, ayuda a manejar la presión arterial y mantiene los vasos sanguíneos en óptimas condiciones para apoyar la función cardiovascular en general.

Esta también es la razón por la cual el simple acto heroico de apoyar a un ser querido (y sí, eso cuenta como heroísmo) no solo produce oxitocina, sino que reduce la presión arterial. Los investigadores han demostrado que brindar apoyo emocional amoroso a una pareja o solo darle un abrazo a alguien produce oxitocina.[8] Esta luego le da un empujoncito al óxido nítrico, y tanto el corazón emocional como el físico se relajan.

Ya hemos visto la forma en que la oxitocina hace un trabajo antioxidante y antiinflamatorio con las células vasculares e inmunes, por el cual los niveles de estrés oxidativo (radicales libres) y la inflamación disminuyen de manera drástica.

El estrés oxidativo es la versión química del estrés mental y emocional. Es cuando los procesos de defensa natural del cuerpo no pueden hacer frente a la cantidad de radicales libres producidos en el cuerpo. Aquí es cuando estos hacen de las suyas, se descontrolan y hacen lo que les da la gana. Producen daños en los vasos sanguíneos, las células inmunes, las células de tejidos, la piel e incluso en el cerebro, lo cual después contribuye a la pérdida de memoria y la demencia. También desempeñan un papel significativo en el envejecimiento.

Aquí tienes un dato curioso sobre los radicales libres: son como átomos que solían estar en una relación, pero que ahora están solteros. El gas oxígeno que respiramos está compuesto por dos átomos de oxígeno conectados por un enlace; parecido a un par de gafas, donde la partecita sobre la nariz es el enlace. En ocasiones, este enlace se rompe, no solo en el oxígeno, sino en otros tipos diferentes de moléculas corporales. Dos átomos que antes estaban conectados ahora están separados. Eso es un radical libre: un átomo que antes estaba en una relación, pero ahora está soltero.

Solo que odia estar soltero. Los radicales libres están tan desesperados por reconectarse, por volver a una relación, que intentarán apropiarse del átomo de alguna otra relación que parece estable (en términos químicos, un grupo de átomos, también conocido como «molécula»). Si resulta ser una molécula que trabaja con las células cerebrales, entonces los radicales libres pueden conducir a la pérdida de memoria. Si está en el corazón, puede llevar a enfermedades cardíacas. Creo que entiendes la idea.

El antídoto natural para los radicales libres son los antioxidantes, que le ofrecen un compañero bien predispuesto a los radicales libres. Una vez que los antioxidantes entran a escena, los pobrecillos ya no están solteros y ya pueden disfrutar de un nuevo capítulo feliz en sus vidas. Dejan de causar estragos y el cuerpo vuelve a la paz.

Esta es una de las razones por las que las frutas y verduras ricas en antioxidantes son tan buenas para el corazón y por qué se agregan antioxidantes a los productos de belleza.

En esencia, la oxitocina (nuestra hormona de la amabilidad y el heroísmo) actúa como un antioxidante (y antiinflamatorio) en los vasos sanguíneos, el sistema inmunitario y el resto del cuerpo, incluso en las células de la piel, como ya hemos visto. De esta manera, ayuda a proteger las células de cualquier daño.

En realidad, podemos aumentar los niveles de oxitocina en nuestra piel. ¿Alguna vez te has fijado en el brillo extra que hay en tu piel después de un momento de intimidad? Es la oxitocina en acción. Produce una liberación de óxido nítrico, lo que hace que la sangre fluya más hacia tu piel, iluminando tu rostro con esa chispa especial. Pero la oxitocina va más allá de hacer que la piel brille: también ayuda a mantenerla joven. No solo en cuanto al aspecto, sino joven de verdad, neutralizando el efecto de los radicales libres.

Y aún hay más. La oxitocina no solo ayuda a tener una piel saludable;[9] también desempeña un gran papel manteniendo los músculos fuertes y ayudando a que se recuperen después de un entrenamiento o una lesión. Y hace lo mismo por los músculos del corazón.

Hasta se involucra en el crecimiento del corazón desde que somos bebés. Las prohormonas de oxitocina (sustancias que el cuerpo convierte en oxitocina) inician la conversión de células madre en células musculares del corazón,[10] y luego en músculo cardíaco completamente funcional y contráctil.[11] También es la heroína invisible que nos ayuda a digerir los alimentos, ya que colabora con las contracciones musculares que los mueven a través del intestino. Incluso ayuda a facilitar la cicatrización de heridas. ¡Uf! ¡Un atracón de ciencia! Se me ocurrió que apreciarías este resumen detallado de lo increíble que es esta hormona.

Entonces, la oxitocina hace muchas cosas. Podemos decir que es un asunto importante. Y tampoco lleva capa. Y lo que es más, muchos actos de amabilidad y heroísmo la producen, lo cual nos indica que, de alguna manera, todas estas cosas saludables pueden ser potenciadas por la amabilidad y otros actos de heroísmo.

Esto no debería sorprendernos demasiado, dado que sabemos que todas estas cosas se ven afectadas por el estrés de forma negativa. Después de todo, la amabilidad es lo contrario al estrés. Si el estrés obstaculiza todos estos procesos, como sabemos que hace, entonces tiene sentido que la amabilidad y el heroísmo lo contrarresten.

Existen efectos biológicos reales, verdaderos, profundos y poderosos que ocurren cuando eres amable. Son la recompensa que ofrece la naturaleza por ser una persona decente, pero no es por eso que lo somos. Nos ayudamos mutuamente porque es lo correcto, aunque la naturaleza nos recompensa de todos modos. Y así es como lo hace.

Adultos en formación

El programa «Adultos en Formación» (AIM, por sus siglas en inglés) es una iniciativa que ayuda a los jóvenes a superar los desafíos de la vida. Todos sabemos que crecer puede ser difícil, por lo que el objetivo del programa es ofrecer una mano amiga; ya sea a través de charlas emocionales, sesiones para desarrollar habilidades útiles, ayuda para la salud mental o simplemente fomentando amistades estrechas. Se trata de asegurarse de que los jóvenes tengan conexiones sólidas en sus vidas, tanto en casa como en el barrio. La amabilidad está presente en cada etapa.

Los padres también se involucran. El programa los guía sobre maneras de estar presentes para sus hijos, escuchar sus preocupaciones y convertirse en fuertes pilares. Es como crear un pueblo de amor y cuidados.

Esta es la parte alucinante: un estudio con jóvenes de 17 años del programa examinó sus telómeros,[12] esos diminutos extremos del ADN que actúan como nuestro reloj biológico, y que marcan el tiempo a medida que envejecemos. Cuando la vida se complica, pueden desgastarse más rápido de lo normal, lo cual no es muy bueno para la salud. Sin embargo, tras cinco años en el programa, los adolescentes tenían telómeros notablemente más largos en comparación con otros de su edad que no estaban en el programa. ¡Como si esta iniciativa de alguna manera hubiera descubierto el secreto para mantener nuestros relojes biológicos controlados!

En realidad, esto demuestra lo crucial que es contar con apoyo desde el principio. Cuando los jóvenes se sienten comprendidos y valorados, no solo les sube el ánimo, ¡también les permite seguir siendo jóvenes!

Amabilidad hacia los animales

Cuando pienso en la amabilidad, también incluyo a los animales. Siempre los he adorado. Al igual que muchos niños, de pequeño tuve un pez dorado y un hámster. También tuvimos un perro llamado Sam y dos gatos: Buttons y Sooty. Pero viví un momento significativo como adulto cuando perdimos a nuestro perro, Oscar, en 2014. Con apenas dos años, tenía cáncer de huesos y habíamos hecho todo lo posible para intentar salvarle la vida.

Cuidar de un animal enfermo te cambia. Intensificó el vínculo que teníamos con él de una manera que no sabía que era posible. Cuando murió, me quedé destrozado. Uno o dos meses después, iba conduciendo por el campo para dar una charla en un retiro cuando me detuve en un café junto a la carretera. Al aparcar, vi una vaca de las tierras altas grande y peluda. Son populares en Escocia.

Se acercó a la valla junto a la que había aparcado. Cuando salí del coche, me encontré cara a cara con ella; tenía una cabeza enorme y me quedé mirándola a esos ojos enormes, profundos y oscuros. Y entonces lo vi. Es decir, lo vi de verdad.

Me desplomé en el suelo y me puse a llorar. Fue la primera vez, aparte de mi experiencia con Oscar, que de verdad pensé en que los animales tienen vidas emocionales, personalidades. Estaba llena de vida. Pura. Vibrante. Esa es la única forma en que puedo describirlo. Un ser real y consciente, con sentimientos. En ese momento, supe que podía experimentar felicidad y tristeza. Podía ver que era juguetona. ¡Que tenía sentimientos!

Sé que resulta obvio para muchos, pero a veces necesitas vivir una experiencia poderosa y conmovedora para comprender de verdad las cosas realmente importantes de la vida. Me cambió mucho. Además, nunca más volví a comer carne desde entonces.

La naturaleza ama a todas sus creaciones y recompensa la amabilidad hacia los animales tanto como hacia los humanos. Recompensa la amabilidad; sin importar a quién o qué.

Ser amable con los animales produce oxitocina en grandes cantidades. En un estudio que midió la calidad de las interacciones con un perro,[13] tener una interacción de buena calidad durante media hora produjo tres veces más oxitocina en el humano (y 1,5 veces más en el perro) de lo normal.

¡Es casi un aumento del 10 por ciento por minuto durante media hora! Ahora bien, solo un 10 por ciento en total hubiera sido bastante impresionante, dado que la oxitocina es una hormona cardioprotectora, pero un 10 por ciento por minuto es una cosa completamente distinta.

Esto puede explicar la observación de que, cuando hay un perro en la familia, son significativamente menores las posibilidades de que una persona que ha tenido un ataque al corazón vuelva a tener uno en el lapso de un año. De hecho, algunas investigaciones sugieren que es hasta un 400 por ciento menor.[14]

Un pico de oxitocina constante a lo largo del día a medida que una persona interactúa de forma amistosa, amorosa, amable y juguetona con un perro ayuda a controlar la presión arterial, reducir el estrés oxidativo y la inflamación, y proporciona condiciones más saludables para el corazón.

Por supuesto, parte del efecto también proviene de sacar a pasear al perro. Pero con esto no quiero restarle ninguna importancia a la relación que se tiene con él. Hay extensos estudios que no solo observan los efectos de tener perros en la familia, sino también gatos o conejos[15] (en otras palabras, animales con los que tendemos a desarrollar un vínculo), y demuestran que estos vínculos nos ayudan a protegernos de ataques al corazón y derrames cerebrales.

La fuerza del efecto con gatos y perros es más o menos la misma. Ahora, dado que por lo general no sacamos a pasear a los gatos, se podría argumentar que buena parte del efecto protector contra un ataque al corazón o un derrame cerebral está tan o más ligada a la relación con el animal como al ejercicio que hacemos al pasearlo.

El nervio heroico

Nuestra hormona de la amabilidad tiene una gran correlación con la actividad del nervio vago.[16] Si te preguntas qué es, no, no es un nervio ligado a la indefinición, ni tampoco se trata de un nervio perezoso (aunque suene bien darle un respiro al cuerpo). En realidad, este nervio es uno de los más largos y, al igual que una navaja suiza, hace muchas cosas. Primero, conecta el cerebro con muchos de los órganos esenciales, corazón, pulmones y estómago incluidos. Así que puedes pensar en él como la autopista del cerebro para comunicarse con ellos.

Cuando el nervio vago está bien, ayuda a mantener un ritmo cardíaco estable y le dice al sistema digestivo que haga lo suyo. También desempeña un gran papel en nuestro sistema de «descanso y digestión»; esa sensación acogedora que tienes después de una comilona, cuando todo lo que quieres hacer es relajarte en el sofá.

Pero eso no es todo: el nervio vago también se vincula con nuestras emociones y el modo en que manejamos el estrés. ¿Alguna vez has tenido una corazonada o has sentido que tu corazón se acelera cuando te pones nervioso? Bueno, puedes darle las gracias por eso (o, a veces, culpar) al nervio vago. Es como ese miembro del equipo que está detrás del plató en una película; quizás no siempre sea el centro de atención, pero vaya, desempeña su papel a la hora de asegurar que todo ande sin contratiempos.

Este nervio tiene una gran correlación con la empatía y la compasión. No solo es una autopista entre el cerebro y varios órganos; también está profundamente involucrado en nuestras vidas sociales y emocionales. Cumple un papel destacado en el «sistema de compromiso social», un término elegante para la forma en que nos conectamos, comunicamos y vinculamos con los demás.

Te voy a explicar todo sobre su funcionamiento. El nervio vago ayuda a regular los músculos faciales y las vocalizaciones. Cuando ves a alguien en apuros y frunces el ceño con empatía o tu voz adquiere un tono tranquilizador: es el nervio vago haciendo su magia. Al facilitar estas expresiones, actúa sobre nuestra capacidad para mostrar compasión hacia los demás.

Cuando sentimos compasión por alguien, puede que el ritmo cardíaco disminuya y la respiración se vuelva más profunda y regular. El nervio vago intercede en estas respuestas al encenderse. Si alguna vez has tenido una sensación cálida y expansiva en el pecho cuando te conmueves por compasión, exacto, además de la oxitocina, se trata de nuestro amigo el nervio vago haciéndose notar.[17]

Un tono vagal alto (una medida de la salud y la actividad del nervio vago) está asociado con la capacidad de regular nuestras emociones y con sentirse más seguro en situaciones sociales. Cuando nos sentimos seguros y protegidos, es más probable que nos abramos, conectemos con otros y exhibamos comportamientos compasivos.

Algunas prácticas de meditación de amabilidad consciente (como metta, una meditación budista de amor y amabilidad que encontrarás en el Apéndice II) implican producir un sentimiento de compasión por alguien y desearle un alivio del sufrimiento. Estos ejercicios también han demostrado aumentar el tono vagal,[18] así como reducir la respuesta inflamatoria al estrés.[19]

En 2002, Kevin Tracy propuso la existencia del «reflejo inflamatorio»,[20] al demostrar que el nervio vago controla la inflamación. Lo hace bajando un gen inflamatorio (TNF-alfa), como sucedería con un interruptor para bajar las luces.

La actividad del nervio vago hasta tiene efectos sobre el pronóstico del cáncer, debido a su capacidad antiinflamatoria. En algunas investigaciones, se encontró que los pacientes con cáncer en etapa cuatro que demostraban alta actividad del nervio vago vivían mucho más que los pacientes con baja actividad. De hecho, en un análisis estadístico de tales estudios, los investigadores escribieron que el efecto antiinflamatorio de una actividad alta de este nervio beneficiaba a los pacientes en etapa cuatro,[21] incluso cuando los medicamentos eran menos eficaces.

Dado que la compasión, la amabilidad y el heroísmo pueden incrementar la actividad del nervio vago, es posible que estos tres atributos (o incluso una actitud bondadosa) tengan un efecto antiinflamatorio extra importante y consecuencias beneficiosas para la salud en general.

Por supuesto, esto no significa que ser amable garantice una buena salud. El sentido común nos dice que esto no es cierto. Todos conocemos gente bondadosa que se enferma y mala gente que vive una vida larga. Sin embargo, en las mismas condiciones, no hay duda de que una actitud amable puede volvernos definitivamente más sanos que una desagradable; tanto en el cuerpo como en la mente. Pero en la vida no todo sucede así, por lo que las conclusiones no siempre son absolutas.

Sé amable de cualquier modo. Casi con seguridad te hace mucho bien, tanto a ti como a los demás.

6

Amabilidad a conciencia

Hablemos de la vida por un momento. ¿A veces piensas haber descifrado a alguien por completo basándote en su Instagram o en la manera en que siempre da en el clavo pidiendo el café perfecto?

Pues bien, aquí tienes un baño de realidad: cada uno con lo suyo. Por eso, el mantra «Sé amable porque nunca sabes por lo que alguien está pasando» no es solo un lema moderno para una camiseta o una bonita cita para colgar de la pared; es un consejo de oro.

Piensa en las personas como si se parecieran un poco a los libros. Y no me refiero a esos que juzgamos por su portada (aunque en ocasiones todos somos culpables de hacerlo), sino a que cada cual tiene una historia llena de argumentos sinuosos, momentos conmovedores y algunos capítulos que podrían querer saltarse. Mientras alguien podría estar lidiando con un pasado complicado, otro quizás esté haciendo malabares con los dramas del presente. Incluso si desde fuera la vida de alguien parece un cuento de hadas, recuerda que a menudo en los cuentos de hadas aparecen mazmorras.

El hecho es que, en esencia, cuando se trata de esconder nuestras verdaderas emociones, la mayoría parecemos actores que han ganado premios. Tal vez sea la sociedad, o quizás sea el orgullo, pero muchos ponemos cara de valientes hasta cuando por dentro sentimos de todo menos valentía. ¿Ese compañero de trabajo superalegre? Tal vez esté pasando noches difíciles. ¿Ese amigo que siempre está ahí para ti? Quizás también necesite que alguien esté ahí para él.

Si todos empezáramos a ser un poco más amables, haciendo una pausa por un momento para imaginar las pequeñas batallas que cada uno está librando, el mundo podría ser un lugar más amistoso. Menos tuits maliciosos y más energías de «Tú puedes».

Todos lidiamos con algo. Todos peleamos nuestras propias batallas; y algunas, en silencio. Así que, si nos orientamos hacia la amabilidad, no solo hacemos un poco más feliz el día de otra persona, sino que el mundo parecerá un poco más pequeño y mucho más acogedor. A todos nos vendría bien un poco más de eso.

Nunca sabes por lo que alguien está pasando

Una mañana llegaba tarde a recoger a mis padres con el coche para que pudiéramos conducir 60 kilómetros hasta uno de los centros de tratamiento de radioterapia. Fue una sucesión de eventos, ya sabes cómo es. A pesar de tener la mejor voluntad del mundo, ocurren cosas.

Mi padre se ponía ansioso cuando no llegaba temprano. De hecho, si iba a recogerlos a las nueve de la mañana, a las ocho ya estaría sentado en el salón con la chaqueta y el sombrero puestos. El tumor afectaba su cerebro de esa forma.

No era exactamente tarde, pero lo suficiente como para no llegar treinta o cuarenta minutos antes. Y llegar al menos media hora antes era importante para él. Sentí que me decepcionaba a mí mismo.

Con tantas cosas en la cabeza, la preocupación por llegar tarde y la realidad de la condición de mi padre, mi atención no estaba por completo en cómo conducía. Cerca de su casa, me metí en una pequeña rotonda justo enfrente de otro coche y ambos frenamos con brusquedad. Casi hubo un accidente y fue culpa mía por completo.

Pero el otro conductor simplemente sonrió y me hizo señas para que pasara. Fue una sonrisa amable y cálida. El gesto que hizo con la mano abierta decía: «Está bien. ¡Sigue adelante!». Yo le sonreí y moví la mano.

Me eché a llorar unos cien metros más adelante. Hubiera esperado que golpeara la bocina y gritara algunas groserías a viva voz.

Después de todo, ¿no es eso lo que ocurre tan a menudo en las carreteras hoy en día?

No hubiera podido lidiar con eso. Ese día no. A pesar de la fachada que mostraba al mundo, a los lectores de mis libros, al público en mis charlas, a los espectadores de mis vídeos en redes sociales, por dentro me sentía frágil.

El conductor demostró amabilidad. Tenía demasiado entre manos; por eso me emocioné. El estrés de llegar potencialmente tarde se desvaneció en un instante. La ansiedad sobre la condición de mi padre desapareció por un momento, o al menos se atenuó por ese acto de amabilidad. Hasta el día de hoy, el conductor que me dio paso en la rotonda no tiene ni idea de las consecuencias de su acción. No tenía ni idea de lo que significaba para mí, de lo que me estaba pasando.

Así es como funciona. Nunca sabes lo que está sucediendo en la vida de una persona. Y rara vez sabes cuánto significa tu amabilidad para ella.

De acuerdo, no todo el mundo está sufriendo; lo entiendo. Hay quienes, por la razón que sea, actúan con mucho egoísmo. Pero eso no significa que debamos actuar suponiendo que todas las personas son egoístas o tienen malas intenciones; solo para que algunos «no se salgan con la suya». Esa forma de pensar castiga a las personas bien intencionadas que de verdad están pasado por un duro capítulo en el libro de su vida y, sin embargo, al igual que los demás, intentan poner cara de valiente para seguir adelante día a día.

No podemos saberlo. En mi opinión, entonces, deberíamos ser amables y estar por encima de la situación.

Dadas las estadísticas, es posible que muchas personas con las que te encuentras cada día sí estén sufriendo de alguna manera, a pesar de la cara que muestran al mundo. Por ejemplo, una encuesta de 2023 a treinta mil personas de dieciséis países[1] halló que, mientras el 23 por ciento sentía estar prosperando, el 35 por ciento sentía que solo estaba «arreglándoselas», el 28 por ciento se sentía decaído y el 13 por ciento dijo estar luchando.

Si a nosotros mismos nos han tratado de forma injusta y luego lo perpetuamos tratando mal a otra persona, creamos una espiral descendente. La compulsión de tratar de mala manera a los demás porque así nos han tratado tiene que detenerse en algún punto.

Lo entiendo; a veces la vida da asco y, algunas veces, mucho. Pero, cuando lo hace, podemos tratar de ayudar a que no sea tan mala para otros. Después de todo, sabemos qué se siente cuando ocurre.

No necesitas rebajar a nadie para poder ganar

Con sus altibajos, en ocasiones el mundo puede asemejarse a una montaña rusa, y la amabilidad no siempre parece la mejor ruta hacia la estabilidad que ofrecen la paz y la felicidad. Esta podría ser la razón por la cual algunas personas no dejan entrar a la amabilidad. Diría que, por lo general, esto tiene más que ver con una falta de experiencia en intentarlo.

Verás, aunque la experiencia nos enseña que la amabilidad puede ser transformadora, el problema es que no tenemos demasiados buenos ejemplos públicos. Con frecuencia vemos y leemos a políticos discutiendo, chismes sobre famosos y noticias negativas; todo a expensas de los ejemplos de amor y amabilidad que ocurren todos los días en el mundo. Hablando en serio, ¿no parece a veces que todo el mundo está listo para entrar en «modo indignación» en un santiamén?

Creo con sinceridad que unas pocas gotas de amabilidad aquí y allá pueden marcar una gran diferencia. Tal vez, antes de unirnos a las críticas masivas hacia un famoso o político, podríamos tomarnos un momento. Ponernos en sus zapatos y pensar en cómo reaccionaríamos si nos estuviéramos enfrentando a las mismas presiones.

Ahora bien, no digo que le demos pase libre a todo el mundo o que miremos hacia otro lado ante los errores. Lo que quiero decir es que hay una diferencia entre un «¡Dios mío, ¿en qué estaban pensando?!» y simplemente insultar y cancelar de manera despiadada.

Cuando hay un debate político en televisión, algunos se ponen tan intensos que es casi como ver una pelea en el patio del recreo. Parecido a: «¡Vamos, seguro que jugabais mejor en el arenero!».

Cada vez que veo un anuncio negativo contra un político, incluso cuando no me gusta, me desanima. Estoy seguro de que existe una mejor manera de brillar que no implique apagar la luz de alguien más, ¿verdad? Y seguro que hay un mejor ejemplo que les podemos dar a nuestros hijos.

Porque estar en desacuerdo no significa que tengamos que derribarnos unos a otros. En lugar de gritar, ¿qué tal si decimos: «Entiendo de dónde viene, pero difiero»? Hay que ser agradable. La fuerza que muestras con tu ejemplo de amabilidad inspirará a otros a imitarlo.

¿Y si alguien se pone a la defensiva? Mantente firme, pero con clase. Después de todo, no rebajarse a su nivel siempre sienta mejor.

El problema es que hemos aprendido que en la vida tenemos que ganar y que, para hacerlo, la amabilidad a menudo debe pasar a un segundo plano. Pero esto no es cierto; puedes ganar en la vida siendo amable.

¿Cómo ganar siendo amable?

Bien, veamos cómo se puede ganar en el juego de la vida sin clavarle el puñal a nadie en la espalda. Aquí hay algunas ideas.

1. De todas formas, ¿qué significa «ganar»?

Debemos comenzar redefiniendo el significado de «ganar». No tenemos que ver el éxito como una derrota a los demás. Se trata de lograr algo mientras ayudas a otros a hacerlo. Podemos pensar en ello como alcanzar la meta de la mano de otros. Según dicen, trabajar en equipo hace que los sueños se cumplan, y ese sueño podría ser convertir el mundo en un lugar más luminoso.

2. Ponte en su lugar

Practica la empatía: intenta comprender de dónde vienen los demás. Hace que el viaje sea mucho más divertido y con menos baches.

3. Habla con confianza

La honestidad es oro, pero ser amable mientras lo haces... es platino. Escucha más, conversa con el corazón y recuerda que todo el mundo tiene una historia.

4. Elige tus batallas

No todos los desacuerdos se convierten en un duelo al amanecer. A veces está bien estar de acuerdo en no estar de acuerdo, y luego tomar un café juntos.

5. Conviértete en el regalo que continúa dando

En lugar de preguntar siempre: «¿Qué obtengo yo con esto?», piensa cómo puedes esparcir un poco de alegría. Pregunta: «¿Qué puedo dar? ¿Cómo puedo ayudar?».

6. Sé el cambio

Si quieres que el mundo, tu lugar de trabajo o tu comunidad sea más amable, empieza por ti mismo. Conviértete en el modelo a seguir de la amabilidad y la integridad que tú mismo buscas. Otros se copiarán de ti y, antes de que te des cuenta, la amabilidad estará de moda.

7. Amigos antes que trofeos

Por supuesto, la estrella dorada brilla, pero el resplandor de las buenas amistades dura para toda la vida. Ganar a expensas de una relación puede ser una victoria vacía, mientras que mantener buenas relaciones creará más oportunidades en el futuro.

8. Mantente firme (pero de manera amistosa)

Ganar es genial, pero si tuerces tu brújula moral para llegar allí, podrías terminar perdido. La integridad a largo plazo es valiosa y se respeta más que cualquier logro individual.

9. Dos ganadores son mejor que uno

Olvida el pensamiento de suma cero (donde la ganancia de una persona es la pérdida de otra). Busca una solución donde todo el mundo obtenga una porción del pastel de la victoria. ¿A quién no le gusta?

10. Equipo de animadores

Conviértete en esa persona que lanza confeti cuando brilla alguien más. Es divertido y hay suficiente para todos.

11. Haz el recuento de tus bendiciones

Mientras lo haces, tómate un momento para recordar a todas las personas que te ayudaron a llegar donde estás.

12. ¡Ups! Eso no estuvo bien...

Finalmente, recuerda que todos nos equivocamos alguna vez. Acéptalo, ríete, arréglalo y sigue bailando.

En resumen, ganar es genial, pero hacerlo con un gran corazón es el verdadero premio gordo de la vida.

Cómo explicarles la amabilidad a los niños

Aquí voy a dar un pequeño rodeo. Uno de mis libros se llama *The little book of kindness* (El pequeño libro de la amabilidad). Está dirigido a adultos, pero como es corto y está lleno de ilustraciones coloridas de hechos y conceptos relacionados con la amabilidad, muchos niños también lo leen. No lo esperaba al escribirlo. Hasta hay niños pequeños que les piden a sus padres que les expliquen las ideas.

También he dado algunas pequeñas charlas sobre el tema en escuelas y, con frecuencia, los padres me preguntan cómo pueden explicarles el concepto a los niños. Así que aquí ofrezco una manera de explicarles a los niños algunas de las razones importantes para ser amables y sus beneficios.

Digamos que tienes una gran caja de pinturas de colores, y cada día en la escuela decides compartirlas con tus amigos. Cuando compartes y eres amable, ocurren algunas cosas:

1. Hace que tus amigos sonrían

Ser amable se parece a darle a alguien un regalito de felicidad. Si alguna vez has notado el modo en que la gente sonríe cuando eres amable, sabrás que sienta bien.

2. Es más fácil que hagas amigos

Si eres ese niño que siempre es amable y comparte, habrá más personas que quieran estar cerca de ti. La amabilidad es como un imán: atrae a otros porque a todos les gusta sentirse apreciados y cuidados.

3. Vuelve a ti

La amabilidad se parece un poco a un *boomerang*. Cuando lo lanzas, vuelve a ti. De manera similar, cuando eres amable con los demás, es más probable que ellos lo sean contigo. Tal vez olvides tu almuerzo algún día, y ese amigo con quien compartiste las pinturas te ofrezca la mitad de su sándwich.

4. Te hace sentir bien

Hacer cosas buenas por los demás puede hacerte sentir feliz por dentro. Es como cuando comes tu helado favorito o ves una película que te hace reír. Ser amable puede generarte una sensación cálida en el corazón porque crea hormonas de la felicidad.

5. Te vuelve saludable

Las hormonas de la felicidad que la amabilidad produce en tu cuerpo hacen muchas cosas maravillosas, incluyendo que tu cerebro y tu corazón funcionen mejor, y hasta te ayudan a recuperarte más rápido cuando estás enfermo.

6. Hace que el mundo sea mejor

Piensa qué sucedería si todo el mundo decidiera ser un poco más amable cada día. Se asemejaría a convertir el mundo en un enorme patio de juegos donde todas las personas se cuidan unas a otras con alegría.

Entonces, ser amable es como compartir las pinturas. Hace que la escuela, o cualquier lugar al que vayas, sea un lugar más luminoso y feliz para todos, incluso para ti.

Si quieres explicarles la amabilidad a los niños, espero que esto te ayude, aunque sea un poco.

Sanar el corazón emocional

Cum scientia caritas es el lema del Royal College of General Practitioners. Significa «conocimiento científico aplicado con compasión». ¡Ciencia con corazón!

Como he dicho antes, perdí a mi padre poco antes de comenzar a trabajar en este libro. Me gusta pensar que participó en la idea de escribirlo.

Mi padre solo tenía 78 años y estaba en buen estado físico cuando le encontraron el tumor cerebral. Su amigo Jake y él salían a pasear casi todos los días, por lo que acumulaban entre 50 y 65 kilómetros cada semana. Tenían la costumbre de caminar a lo largo del canal Forth y Clyde en el centro de Escocia, para terminar tomando una pinta fría en un pueblo cercano. Algunos de los clientes del *pub* los apodaron cariñosamente Jack y Victor, una referencia a la popular comedia escocesa *Still Game*, centrada en la vida de dos hombres jubilados.

Cuando la pierna de mi padre empezó a causarle problemas, una tomografía reveló un tumor de siete centímetros. Todos fuimos a ver al cirujano: mi madre, mis tres hermanas y yo. Los cirujanos más jóvenes no querían arriesgarse a operarlo por su edad, pero Paul Brennan, un especialista en neurocirugía que ayudó a fundar la Iniciativa de Compasión en la Universidad de Edimburgo, se ofreció a hacer la operación.

Apeló al orgullo de mi padre por su estado físico cuando lo miró a los ojos y le dijo: «No eres un hombre normal de 78 años».

La cirugía salió bien, pero no solucionó el problema por completo, dada la ubicación del tumor. Mi padre tuvo que someterse a radioterapia y quimioterapia. Fueron tiempos difíciles, pero nos ofreció preciosos momentos junto a él.

Nunca perdió el ánimo. Incluso después de escuchar su diagnóstico, dijo: «He tenido una buena vida». ¿Y yo? Para ser honesto, luché por mantener la calma. Esos momentos fueron demasiado intensos. Aun así, atesoro los recuerdos de aquellos días.

También me di cuenta de algo profundo: la amabilidad y la empatía de los médicos y enfermeros no eran solo un gesto agradable; eran tan vitales para mi padre como el tratamiento. Resulta asombroso cuánto puede sanar el apoyo emocional. En la vida, a veces necesitas presenciar algo por ti mismo antes de que comprendas su verdadero valor.

«Mi hijo es doctor», les decía. Yo solía añadir que mi doctorado es en química orgánica y no en medicina. Pero decírselo al personal médico siempre le hacía sentir bien, y a veces era el modo de entablar una conversación. Todos fueron muy amables con él, y mi padre era un hombre simpático.

Hasta en las pequeñas cosas se ve cuánto importa el cuidado, como cuando a mi sobrino le dieron una tirita para el dedo después de que se lo pillara con una puerta, aunque no sangrara. Una vez que su abuela (mi madre) se la puso, el dolor pareció desaparecer. Un amigo médico me dijo una vez que, en ocasiones, dejar hablar a los pacientes es la mejor medicina. Todo se trata de conexión.

Incluso hay estudios que lo respaldan. Los pacientes con médicos empáticos se recuperan más rápido u obtienen mejores resultados.[2] Tanto si se trata de un resfriado común o de algo más serio como el cáncer, la empatía desempeña un papel enorme.

Las investigaciones hallaron que los pacientes con síntomas de resfriado se recuperaban casi un 50 por ciento más rápido[3] cuando los trataban médicos con un nivel alto de empatía. Y en comparación con pacientes tratados por médicos menos empáticos, tres meses después de que los atendiera un profesional muy empático, los pacientes con cáncer de próstata tenían niveles más altos de células fundamentales (células asesinas naturales)[4] que matan a las células cancerosas en la sangre.

Así que esta es la conclusión: el amor, la empatía, la compasión y la amabilidad son como superalimentos para el alma. No solo nos hacen sentir mejor en el sentido emocional, sino que también mejoran nuestra salud física. Es como ese viejo dicho: «El amor es la mejor medicina». Y si parece no funcionar, bueno, aumenta la dosis.

A veces, todo lo que se necesita es un poco de amabilidad para marcar una gran diferencia. En un mundo que suele subestimar estas cualidades, su impacto es incalculable.

¿Por qué matar una mosca?

El otro día, una mosca pequeñita se quedó atrapada en el lavabo del baño. No la había visto, y una gota de agua la debió de golpear mientras me lavaba las manos. Estaba viva, ya que intentaba mover el cuerpo, pero sus alas estaban pegadas a la porcelana por una capa de agua.

Si intentaba levantarla, sus delicadas alas se romperían. Así que tomé un pedazo de papel higiénico y con mucha suavidad absorbí el agua que la rodeaba. Arranqué más trocitos de papel y fui secando las gotas, acercándome cada vez más a la mosca. Al final absorbí con suavidad el agua de las alas, para quitarles la mayor cantidad posible. Mientras tanto, soplé con mucho cuidado sobre ella para secarla un poco más.

Por fin, parecía posible sacarla de la porcelana, así que tomé otro trozo muy pequeño de papel higiénico y, como el área ahora estaba seca, con suavidad pude despegar a la mosca de la porcelana. Sus alas todavía estaban mojadas por la parte inferior, pero estaba viva, pensé, y, hasta donde podía ver, había logrado no dañárselas.

Continué soplando con cuidado sobre el papel durante unos minutos más para secarlas lo máximo posible, pero no se movía. Me preocupaba que estuviera exhausta o que quizás se hubiera muerto de pánico al verse atrapada, incapaz de moverse, mientras un gigante humano la atosigaba.

Recé por ella. Traté de decirle mentalmente que estaba intentando ayudarla. Puse las manos ahuecadas sobre ella durante unos minutos, como si a través de estas le estuviera dando energía curativa y calor. Sé que para algunos puede sonar estúpido, pero el instinto suele decirte cómo funcionan las cosas.

Justo cuando pensé que mis esfuerzos habían sido en vano y que la mosca no iba a sobrevivir, de pronto comenzó a moverse y corrió con rapidez por el papel. Sus diminutas patas se movían como un rayo. Hizo unos cuantos zigzags y luego voló.

No necesitaba darme las gracias.

Buenas energías por medio de buenas acciones

¿Alguna vez has tenido uno de esos días en los que parece que tu ánimo ha estado sumergido en un bote de pintura gris? ¿Una de esas mañanas en las que olvidas el café y te sientes como un muerto viviente? Bueno, hay un truco casi mágico que puede agregar un toque de color a un día tan sombrío. Creo que sabes cuál puede ser: claro, ayudar a alguien más.

Ahora sé lo que estarás pensando: «Estoy teniendo un día difícil, ¿y quieres que me tome la molestia de hacer algo por otra persona?».

Deja que me explique: no se trata de abarcar demasiado, sino de la magia que ocurre cuando cambiamos de enfoque.

Esto no siempre es fácil, lo admito. Ser amable no siempre equivale a pasear por el parque. A veces es duro, en especial cuando nos sentimos ahogados por nuestros propios desafíos o cuando el mundo parece un lugar sombrío. Sin embargo, es en estos momentos cuando la amabilidad se vuelve aún más vital. Es la forma en que el universo dice: «Oye, las cosas pueden ser difíciles, pero aquí hay un rayo de esperanza».

Porque cuando te tomas ese pequeño momento para sujetarle la puerta a alguien, hacer un cumplido amistoso o solo compartir una sonrisa genuina, ocurre algo maravilloso. Tu corazón se siente un poco más ligero y empiezan a despejarse las nubes de tu día.

En ocasiones, la mejor manera de levantar tu propio ánimo es levantando el de los demás.

Cuando no estás teniendo el mejor de los días

Te presento algo que he aprendido a lo largo de los años: cuando tu atención se centra en las necesidades inmediatas de otro, se aleja de ti mismo, de tu propio dolor, sufrimiento o desafíos.

En ese momento, obtienes una pequeña dosis de alivio y otra de calidez y satisfacción que proviene de ayudar a otra persona. Es esa recompensa que viene con la naturaleza de la que he hablado antes: la cálida sensación que obtienes cuando ayudas a alguien. Es la raíz del «subidón de ayudar».

Recuerdo un día particularmente difícil que tuve. No entraré en detalles, pero basta decir que mi mente estaba revuelta. Repasaba una y otra vez las mismas cosas, conversando en mi mente con otros. Ya sabes de lo que hablo.

Entonces vi a un anciano tirado en la acera. La visión me sacó de golpe de mi ensimismamiento.

Lo ayudé a levantarse. Se había tropezado fuera de unas tiendas, en lo alto de unas escaleras que conducían a la acera. Me aseguré de que estuviera bien. ¿Estaba herido? ¿Necesitaba que lo llevara a algún lugar?

Me aseguró que solo se sentía un poco aturdido. Estaba agradecido. Se sacudió el polvo y entró en la tienda más cercana. Y eso fue todo.

Olvidé por completo lo que me preocupaba momentos antes, pero ahora parecía algo insignificante.

En realidad, mi problema no era tan grave como lo hacía parecer mi mente. Creo que es así en muchos casos. Claro, hubiera preferido otra serie de circunstancias, pero estoy en un lugar bastante mejor que el de muchas personas cuya vida es más difícil, pero que aun así consiguen sonreír.

Ayudar al hombre que cayó en la acera me sacó de mi cabeza. La amabilidad hace esto cuando pensamos no estar teniendo el mejor día. Desvía el foco desde nuestros problemas hacia los de otra persona, y en ocasiones nos muestra una perspectiva diferente sobre las cosas.

Seguro que tú mismo has pasado por esta clase de experiencias. Y algo más: sospecho que, en más de una ocasión, después de un cambio de perspectiva, te diste cuenta de que no solo ese tipo en el trabajo era un imbécil, sino que tú también lo habías sido un poco…

Sé amable. Casi siempre es lo correcto.

La guía amable para no ser un imbécil

En las páginas de la historia, no encontrarás una sola balada épica que celebre las ventajas de ser un imbécil. Pero cuando se trata de amabilidad, vemos que ha sido la querida protagonista en cuentos, versos y melodías desde tiempos inmemoriales.

Ser un imbécil requiere esfuerzo. Todos esos ojos en blanco, comentarios sarcásticos; es agotador. ¿Ser amable? Pan comido. Y, como he dicho antes, ¿a quién no le gusta el pan?

Ahora, de vez en cuando, todos hemos sido unos imbéciles. Esa frase de «No juzgues a las personas porque no sabes por lo que están pasando» también se aplica a nosotros. A pesar de tener las mejores intenciones, incluso los cruzados de la amabilidad más decididos fallan cuando están lidiando con situaciones abrumadoras.

Un día, conduje hasta la oficina de correos local. Está a poco más de un kilómetro de distancia y siempre voy caminando, pero aquel día tenía poco tiempo. No hay muchos espacios para aparcar, pero después de dar algunas vueltas, por lo general se suele encontrar una plaza libre.

Me acerqué a las plazas a un lado de la carretera, fuera de la oficina de correos. Era un espacio grande, suficiente para dos vehículos. Un coche estaba listo para dar marcha atrás y aparcar en uno de ellos. Yo también hice señales, con la intención de dejarlo entrar primero para después detenerme y estacionar en el otro espacio.

Solo que él retrocedió mucho más del largo de un coche, sin dejarme nada de espacio. Aun así, intenté dar marcha atrás, ya que estaba tratando de demostrar algo. En aquel momento, me afectaba un problemilla que tenía con quienes aparcaban sin consideración. El pequeño aparcamiento cerca de nuestra casa solo tiene unas pocas plazas y los visitantes con frecuencia aparcan entre dos de ellas. Los residentes como yo nos frustramos.

También estaba siendo algo imbécil, porque no había forma de que entrara mi coche (aunque sea un pequeño Mini Cooper).

El otro conductor me vio maniobrar de un lado a otro en zigzag durante lo que parecieron siglos y, por fin, de mala gana, movió su coche unos centímetros hacia delante en el metro y medio de espacio que había dejado frente a él. Logré meterme, muy justo. Fue el equivalente a una vuelta en tres giros. Solo que me tomó alrededor de siete.

Miré dentro del coche; podía ver la parte superior de su cabeza sobre el asiento. Puse una cara ligeramente exasperada y levanté las manos. Solo un poco. Me debatía entre ser amable (en realidad trato de hacer lo que escribo, pero también soy humano y, a veces, no lo manejo tan bien) y expresar cómo me sentía entonces con las acciones desconsideradas de algunas personas.

Así que no hice un ademán enérgico, sino una especie de encogimiento de hombros desganado. Ese tipo de gestos que lamentas si la persona que sale del coche resulta ser alguien de dos metros con músculos de luchador.

Pero no medía dos metros: era un anciano frágil que tardó al menos tres minutos en salir del asiento con un bastón.

Me sentí fatal. Estaba seguro de que había tenido que luchar con su propia confianza. Por eso estacionó en medio de dos espacios. Mi padre era parecido antes de que le diagnosticaran el tumor cerebral. Había comenzado a perder un poco de confianza. Ocupaba más espacio y se tomaba más tiempo de lo usual para maniobrar.

De repente, el problema que tenía con el aparcamiento parecía insignificante. Como he dicho antes, nunca sabes por lo que alguien está pasando. Nunca puedes saber si alguien está siendo desconsiderado. A veces sí, pero con más frecuencia, sucede que no. La mayoría de las veces, las personas solo tienen muchas cosas en la cabeza y pueden estar viviendo algunas páginas difíciles del libro de su vida. Aparcar como es debido, o lo que fuere, quizás no sea lo más importante que tienen en la cabeza en ese momento, incluso cuando lo sea para ti.

No lo puedes saber. Así que no los juzgues tanto; ya sea por aparcar, por cómo llevan sus vidas o por su sentido de la moda. Menos comentarios hirientes y más muestras de apoyo como: «¡Tú puedes, lo estás haciendo genial!».

Porque aquí hay una advertencia: he aprendido que la amabilidad suele volver a ti; es el efecto *boomerang*. Pero ser un imbécil también.

Algunas razones para ser amable a conciencia

A veces pienso en las personas amables como en una caja de bombones del universo. Algunos son dulces; otros, de sabor delicado y otros tienen el interior blando. El sabor calienta el corazón, y a todos nos encanta el chocolate.

Pero la amabilidad es más que una sensación agradable o una saludable taza de hormonas felices. La magia ocurre cuando se suelta en la comunidad. Déjame explicarlo:

1. Impulsora de amistad

La amabilidad es como un pegamento para las relaciones. Ayuda a las personas a confiar, respetar y apoyarse unas a otras.

2. Constructora de comunidad

Piensa en la amabilidad como la varita mágica que fortalece los lazos comunitarios y ayuda a todo el mundo a llevarse bien. Convierte los barrios en comunidades unidas con una energía de «Estamos juntos en esto».

3. Conciliadora

La amabilidad es como el superhéroe que rompe barreras, cura heridas emocionales y ayuda a que las personas de cualquier ámbito se entiendan. Ya sea un drama familiar o una disputa social más grande, las discusiones pueden apaciguarse gracias a unas pocas palabras dichas con amabilidad.

4. Generadora de confianza

La amabilidad genera confianza. Aprendemos que las intenciones de los demás son genuinas y la confianza aparece con naturalidad.

5. Promotora de inclusividad

La amabilidad nos invita a todos a la fiesta, sin importar de dónde eres y en qué crees. Nos dice: «Oye, ¡todo en ti es increíble!».

6. Un efecto dominó creador

Un acto de amabilidad puede iniciar un efecto dominó. Antes de que te des cuenta, todas las personas están haciendo algo amable porque han captado la energía.

Al fin y al cabo, en caso de que te lo preguntes, unas cuantas cucharadas de amabilidad aquí y allá pueden hacer un poquito más luminoso el día.

Enfréntate al bravucón

Toda esta charla sobre la amabilidad está muy bien, pero ¿qué pasa si te están acosando? Es cierto que es mucho más difícil ser amable con una persona que te está haciendo daño. Y no necesariamente estoy recomendando seguir ese curso, porque depende de la situación.

Quizás en algunas ocasiones; pero, en otras, ¡por supuesto que no! En ciertas situaciones, lo más amable que puedes hacer es ser amable contigo mismo y salir de ahí, si puedes, o pedir ayuda si no puedes. Eso es amabilidad hacia uno mismo y hablaré mucho más del tema en el próximo capítulo, pero por ahora, sigamos con el asunto de la amabilidad hacia los demás y veamos a dónde nos lleva en una situación de acoso.

Ser acosado puede tocar una fibra sensible. Lo sé porque lo he vivido. Cuando se trata de acoso, es tentador etiquetar al bravucón como el «gran lobo feroz». Pero detrás del gruñido y los dientes afilados, a menudo hay un cachorrito herido.

Así que, en lugar de afilar nuestras garras, ¿por qué no probamos un enfoque distinto? Ahora bien, no es fácil ponerse la gorra de la empatía, porque, seamos honestos, duele que se metan contigo, y lo último que quieres hacer en el momento es sentir lástima por el imbécil que lo está haciendo. Pero al igual que la última serie con la que te enganchaste en Netflix, no siempre tienes la historia completa en el primer episodio. Tal vez podamos ver el acoso a través de una lente más comprensiva.

El poder de la lástima

Recibí mucho acoso durante mi último año de secundaria, pero no por parte del típico bravucón. Quienes hablaban pestes de mí principalmente eran chicas y chicos de clase media de entre 17 y 18 años. El blanco era mi salud mental, más que mi cuerpo físico.

A veces, para encontrar consuelo, me refugiaba en el auditorio durante el almuerzo o el tiempo libre. El auditorio solo se usaba para eventos oficiales de la escuela, así que estaba vacío la mayor parte del tiempo. En ocasiones solamente iba allí para estar solo y llorar. Soñaba que era fuerte, valiente e intocable; que era tan poderoso que nadie se atrevería a decirme una mala palabra nunca más.

Intenté defenderme una o dos veces, pero uno de ellos me amenazó. Era el único grande de verdad y con aspecto rudo. Sucedió cuando estaba mirando por un ventanal mientras esperábamos que nuestro profesor de química nos dejara entrar al aula al final de la hora del almuerzo. Mientras tenía la cara cerca del cristal, el matón me golpeó tan fuerte la cabeza por atrás con la palma de la mano que mi cara se estrelló contra el vidrio. El impacto casi me rompe la nariz.

Mi instinto defensivo fue: «¡Oye! ¿Qué crees que estás haciendo?». ¡Y me respondió preguntando cómo me atrevía a contestarle! ¡Cómo me atrevía! ¿Quería que me destrozaran la cara? Pensé que ya lo había hecho, pero juzgué que era mejor no insistir.

Encontré una manera de resistir recurriendo a la lástima. No a la autocompasión, sino a sentir lástima por ellos, porque tenían la necesidad de ser tan hirientes. No es exactamente amabilidad, lo sé, y se supone que de esto trata el libro. Pero hay que empezar de alguna manera; una que te aleje del dolor y la ira. Es como subir una escalera de emociones, en la que la lástima es uno de los peldaños más bajos. Los de la empatía y la amabilidad, incluso la felicidad, están más arriba y, por lo general, fuera de tu alcance cuando te están maltratando.

En los momentos más oscuros, con frecuencia nos aferramos a lo que nos mantiene a flote. La lástima fue mi salvavidas.

Pero este es el asunto. En los años siguientes, la lástima evolucionó hacia la empatía y la compasión, como una hoja que crece en una rama de olivo. A medida que maduré, me di cuenta de que no sabía nada sobre sus vidas ni sobre cómo podrían haber sido sus hogares, u otras cosas, como la presión que podían sufrir. Después de todo, las personas heridas hieren a otras personas.

Me encontré con uno de los bravucones en un bar unos diez años después. Tenía una actitud fría. Le dije que había sufrido mucho durante aquel año de escuela por la forma en que él y sus amigos me habían tratado. Su respuesta fue que yo era un imbécil.

Esta es una defensa frecuente que las personas utilizan cuando saben que lo que hicieron estuvo mal, pero no están listos para afrontarlo. Te vuelven a atacar e intentan encontrar alguna justificación racional para su comportamiento. Tratan de hacerte creer que sus acciones fueron culpa tuya.

Recurrí a la lástima de inmediato. Nunca se trató de mí, solo necesitaban que alguien fuera su blanco para lidiar con su propia mierda. Y, casi al instante, la lástima se transformó en compasión mientras lo tenía frente a mí. Sonreí, no como un desafío a lo que había dicho, sino para mí mismo, por haber encontrado la compasión con tanta rapidez.

Los perdoné a todos hace mucho tiempo. Creo que todos, en algún momento, actuamos de maneras que luego lamentamos. ¿Quién no ha dicho o hecho algo que desearía no haber dicho o hecho? Al fin y al cabo, solo somos humanos. Y creo que todos tratamos de hacer lo mejor en la vida con el conocimiento y las experiencias del pasado que tenemos disponibles, y con las presiones y limitaciones a las que estamos sometidos.

Represalias. Venganza. Nos hemos acostumbrado a medir la fuerza de ese modo; pero la venganza no es fuerza. Es un intento por sentirse poderoso, porque la realidad es que no nos sentimos así.

La verdadera fuerza no se encuentra buscando venganza. Herir a alguien puede parecer una victoria fugaz, pero el poder genuino e inquebrantable reside en la compasión: en entender el dolor del otro, en superar el tuyo propio. Se trata de abrazar la belleza de nuestra humanidad compartida, incluso cuando enfrentamos sus aspectos más oscuros.

La compasión es inagotable y está disponible en cualquier momento (si la buscamos). La lástima nos ayuda a encontrarla. Una vez que has probado ese tipo de poder, lo que parece débil es cometer represalias o herir a otro.

Por qué algunas personas piensan que ser amable significa que eres débil

Quiero hablar un poco más al respecto, porque hay un extraño mito que flota en algunos círculos sobre que ser amable es signo de debilidad. Nos hemos confundido. En la cabeza de muchas personas, ser fuerte se ha mezclado tradicionalmente con ser machista y estoico.

En la actualidad, la masculinidad enfatiza rasgos como el dominio, la asertividad y la supresión emocional. Algunas personas, por lo tanto, aprenden a pensar en características como la amabilidad, la compasión y la vulnerabilidad como rasgos poco masculinos o débiles. He conocido a algunos tipos que se refieren a la amabilidad como un rasgo «femenino» y evitan mostrarla. Quiero decir, los «hombres de verdad» no muestran emociones, ¿no es así? Estos piensan que la amabilidad equivale a llorar en las películas, algo que está muy mal visto.

Hasta hay quienes llegan a rastrear esta creencia de que «la amabilidad es femenina y débil» hasta la época victoriana. En aquel entonces, ser amable se veía como algo propio de las mujeres: piensa en la dama victoriana como el «ángel del hogar». Los hombres se preocupaban por perder su agudeza, su seriedad, si eran demasiado amables.

Podrías pensar que esta idea proviene de alguna teoría evolutiva, ¡pero no! Ni siquiera el propio Charles Darwin, el mismísimo señor Evolución, afirmó que ser amable fuera signo de debilidad. A propósito, la expresión «la supervivencia del más apto» fue acuñada por Herbert Spencer, el erudito inglés, y no por Charles Darwin.

Lo que en realidad dijo Darwin fue que, como humanos, ser empáticos y trabajar juntos es lo nuestro.[5] Mencionó que la empatía y la cooperación son innatas y cruciales para nuestra supervivencia evolutiva. Podríamos pensar que es como si, en los viejos tiempos, ¡trabajar en equipo hubiera hecho posible el sueño!

La supervivencia del más apto se ha malinterpretado como que los más fuertes, rápidos, inteligentes, poderosos y hasta los más despiadados están mejor preparados para prosperar en el mundo (como si tuvieran todas las herramientas necesarias). Pero, en realidad, se trata de adaptarse e integrarse. En el mundo moderno, esto requiere empatía y amabilidad, no fuerza física.

Podrías argumentar que, en lo más profundo, nuestra biología a veces nos dice que vayamos con un «¡Yo primero!», lo cual podría ser cierto: en un nivel biológico básico, demostrar agresión o dominio en ocasiones puede ser un mecanismo de protección, enraizado en nuestro pasado evolutivo. Momentos de miedo o estrés pueden sacar el lado agresivo de la naturaleza humana. Pero ya no estamos en la Edad de Piedra.

Ni tampoco en la Edad Media. En aquel entonces, los reyes y gobernantes tenían que jugar duro; tomar decisiones difíciles y sin sentimientos «por un bien mayor» (o para proteger su poder). Ser demasiado amables podría haber causado que otros pensaran que se los podía engañar con facilidad. Pero ahora estamos en el siglo XXI.

Algunas personas también tienen una idea equivocada del título *El gen egoísta*, el libro de Richard Dawkins. No significa que todos estemos buscándonos a nosotros mismos, sino que se trata de cómo los genes hacen lo suyo: son máquinas de supervivencia en vez de personas conscientes y que razonan. Y escucha esto: aunque los genes pueden ser «egoístas», de alguna manera nos hicieron humanos, una especie que tiende a ser amable y cariñosa. No somos una especie egoísta en absoluto. La amabilidad es innata, como ya he mencionado antes.

Existe otra razón por la que las personas piensan que la amabilidad es un tipo de debilidad. Es una versión de «Las personas heridas hieren a otras». En lugar de enfrentarse a sus propias deficiencias en el ámbito de la amabilidad, hay quienes se aferran a la idea de que ser amable es débil porque, despúes de todo, es más sencillo menospreciar un rasgo que admitir que se carece de él.

En resumen, algunos han desarrollado la idea de que la amabilidad es débil y que necesitamos más «herramientas de poder» para salir adelante. Sin embargo, mira el ejemplo que nos han dejado personas como Gandhi, Rosa Parks, Martin Luther King, Malala Yousafzai, Helen Keller y Nelson Mandela. Utilizaron la compasión, la amabilidad y la no violencia como herramientas poderosas para el cambio.

En ocasiones requiere más fortaleza ser amable, escuchar y tener paciencia que reaccionar con ira o violencia. Así es como deberíamos pensar en la fuerza en el siglo XXI.

¿Seré un pelele si soy amable?

Antes de pasar al siguiente capítulo, quiero decir unas palabras más sobre la idea de que la amabilidad es fuerza, porque siento que estamos en una buena racha con esto.

Algunos piensan que, de ser amable, serás un blanco fácil o un pelele. Así que permíteme aclarar esta idea errónea.

La amabilidad puede ser tu superpoder. Es el suave empujón que puede cambiarle el día a alguien o el rayito de sol en un cielo nublado. ¡Tener este superpoder no significa dejar que los demás pisoteen tu brillante capa!

Verás, la amabilidad no trata solo de ser bondadoso con los demás; consiste en defender lo correcto con gracia y respeto. Está en la capacidad de decir: «Oye, eso no está bien», con una sonrisa y resolución firme. Significa entender los límites: los tuyos y los de los demás. Es una señal de que estás en sintonía con las energías a tu alrededor y que eliges aumentarlas en vez de aplastarlas.

Aquí se pone interesante: también se trata de ser amable contigo mismo. ¡Pues claro! Si siempre estás sirviendo amor y amabilidad a los demás, pero te olvidas de llenar tu propia taza, terminarás funcionando con los restos. ¿Y quién quiere eso?

Ser amable contigo mismo significa reconocer cuándo necesitas un descanso, decir que «no» cuando tu plato está demasiado lleno y darte una palmada en la espalda incluso cuando las cosas salen mal (porque, vamos, todos cometemos errores a veces). Lleva la insignia de la amabilidad con orgullo, pero no olvides lanzar un poco de esa calidez sobre ti.

En el gran esquema de las cosas, un mundo con más amabilidad es un mundo en el que todos queremos vivir. Y, entre nosotros, creo que al mundo le vendría bien tener algunos superhéroes más como tú. ¡Sigue molando con esa capa!

7

Por qué deberías ser amable contigo mismo

¿Has oído hablar de la paradoja de que las cosas «te importen»? Dices que te importa una mierda lo que alguien dice o hace, y puede que sea cierto. Así que sigues con lo tuyo. Pero, por otro lado, priorizas tu salud mental, así que en efecto sí te importa, pero sobre tu propia salud mental: es la amabilidad con uno mismo. Por un lado, no te importa nada, pero al mismo tiempo, sí. Todo se reduce a qué es lo que te importa.

Estaba hablando de este libro con una amiga que había tenido un mal día.

Ella soltó: «Cuando tu vida está patas arriba, todo te está costando y algo te molesta, la amabilidad es lo último en lo que piensas. Cuando tu propia vida es un desastre, cuando algo doloroso ha sucedido, no resulta fácil tratar de que te importe la vida de alguien más».

Hizo una pausa y luego añadió: «Sí, lo entiendo, ser amable es bueno para ti y todo eso, esa estúpida pomposidad. Pero ahora mismo, me importa un bledo».

Después hizo otra pausa y dijo: «Vale, ¿cómo llego a una situación donde me importen las cosas? ¿Cómo puedo llegar a ser amable? Porque a veces soy yo quien necesita ayuda».

«Tal vez la respuesta, o al menos un comienzo de respuesta, sea pedir ayuda», contesté. «Como estás haciendo ahora. Es amabilidad contigo misma. No sabía que lo estabas pasando tan mal».

No estaba de acuerdo con que estuviera pidiendo ayuda, al menos no de la manera convencional, cuando llamas a un amigo y le pides hablar.

«Ha surgido de una manera distinta, pero aun así estás pidiendo ayuda», le dije. «Estás priorizando tu salud mental».

Incluso cuando la vida parece pesada y sofocante, hablar con alguien puede ayudar, no importa cómo lo hagas. Es un peldaño accesible en la escalera hacia sentirte mejor. Es ser amable contigo mismo. Es reconocer que necesitas cierto apoyo. Por supuesto, quieres llegar más arriba en la escalera, pero antes debes poner un pie en ella. Y hablar con alguien puede ayudarte a hacerlo.

En ocasiones, puedes pisar otro peldaño y ayudar a alguien más, según he indicado en el capítulo anterior, pero hay momentos en los que ese peldaño simplemente está demasiado alto. ¡Hay momentos en la vida en los que primero tienes que cuidarte a ti mismo!

En una época de mi vida luché contra la depresión. Estaba trabajando en un proyecto de investigación y desarrollo cuando sucedió. Siempre había sido un tipo positivo, el que ve el lado bueno de las cosas y anima a los demás. Me daba vergüenza contárselo a alguien, así que me lo guardé para mí.

Se convirtió en algo tan grande que solía salir del trabajo a las cuatro de la tarde, conducir a casa, entrar, cerrar la puerta, correr las cortinas, tirarme en el suelo y llorar. Me aparté de mis amigos porque me costaba mantener una conversación. En ese sentido, la depresión tiene gracia. Y, cuanto más me preocupaba, más parecía quedar atrapado en el silencio. Entonces simplemente dejé de salir; era una presión menos.

Mi madre solía llamarme con regularidad porque tenía la sensación de que algo iba mal. Pero siempre trataba de parecer animado y le decía que todo marchaba bien. Hasta que un domingo, cuando llamó, le dije cómo me sentía. Colapsé.

Ella tiene mucha experiencia con la depresión. En aquel momento hizo lo que cualquier madre haría y me pidió que volviera a casa. Así que subí a mi coche y conduje los 390 kilómetros de regreso. A la mañana siguiente avisé en el trabajo de que estaba enfermo y dije que esa semana no iría. En su lugar, pasé esos días con mis padres. Hablando, abriendo mi corazón y sentándome mucho en el sofá a ver la televisión. Como mis padres estaban allí, era reconfortante.

Y me sentó bien habérselo contado a alguien. Era un alivio, como si ya no lo estuviera haciendo solo.

Así comenzó mi recuperación: hablando con alguien. Resultó ser mi madre y después también mi padre, pero sobre todo mi madre. Tenían roles diferentes. A mi madre se le daba genial hablar y lanzar pensamientos e ideas, y a mi padre se le daba bien estar presente, como una mantita. Siempre me sentía seguro con él sentado en el sofá. Era reconfortante. Además de todo esto, lo que importaba era el hecho de abrirme.

Al día siguiente, el sol no brilló en mi vida como de milagro; no me sentí bien de inmediato. La verdad es que había olvidado cómo era. Apenas me acordaba de cómo era no sentirme pesado y oscuro.

Llevó cierto tiempo. Para ser honesto, unos cinco o seis meses, más o menos. Tenía días buenos y días malos. Luego algunos días buenos más. Con altibajos, pero poco a poco en dirección ascendente. Fue esta experiencia la que al final acabó conmigo dejando el trabajo para convertirme en escritor y orador a tiempo completo, que es lo que soy ahora, una profesión que me resulta mucho más satisfactoria.

Entonces aprendí que, a veces, cuando suceden cosas malas, te dan la oportunidad de volver a dirigirte hacia lo bueno. Cuando estás muy sumido en la oscuridad, la calidez del sol puede ser difícil de encontrar. Pero con ayuda, podrás salir de ahí hasta hallar el camino hacia la luz.

Cuéntaselo a alguien si las cosas te van mal

Hablar con mis padres tuvo un impacto tan positivo en mí que he pensado en contaros más sobre los beneficios de hablar con alguien cuando estás lidiando con tu salud mental. Puede ser beneficioso por múltiples razones. Aquí hay algunas de ellas:

1. Validación

Compartir tus sentimientos y pensamientos permite que otros validen tus experiencias. Este reconocimiento puede ser esencial si te sientes aislado o crees que nadie entiende por lo que estás pasando.

2. Perspectiva

Hablar sobre tus preocupaciones quizás te ofrezca una nueva perspectiva. En ocasiones, cuando estamos enredados en nuestros problemas, puede ser difícil ver la escena completa o desde otros ángulos. Otra persona, con su propia perspectiva, podría brindar ideas o puntos de vista alternativos que no se te habían ocurrido.

3. Procesamiento

El acto de articular tus sentimientos tiene la capacidad de ser terapéutico en sí mismo. Te quita un peso de encima. Poner las emociones y experiencias en palabras de verdad puede ayudar a aclararlas y procesarlas. A mí me ayudó.

4. Organización de pensamientos

Hablar sobre tus sentimientos y experiencias en voz alta también puede ayudarte a organizar tus pensamientos, lo cual puede llevarte hacia una mejor comprensión y resolución de los problemas.

5. Reducción del aislamiento

Los problemas de salud mental con frecuencia nos hacen sentir aislados o solos en esa experiencia, como cuando me aparté de mis amigos. Hablar con alguien puede ayudar a reducir esa brecha y ofrecer una sensación de conexión.

6. Consejos y orientación

Las conversaciones a menudo acarrean consejos u orientación sobre estrategias para sobrellevar un problema específico, así como recursos o soluciones potenciales. Además, podrías enterarte de que la persona (o personas) con la que hablas también ha pasado por alguna situación difícil y ha aprendido cosas importantes para sobrellevarla que puede compartir contigo.

7. Liberación

Desahogarse o tan solo «quitarse un peso de encima» pueden proporcionar alivio. Aferrarse a sentimientos o preocupaciones tal vez resulte estresante, por lo que hablar de ellos quizás sea como liberar una válvula de presión.

8. Química del cerebro y del cuerpo

Interactuar con otros, en especial en un entorno positivo y de apoyo, puede conducir a la liberación de ciertos neuropéptidos como la oxitocina, la hormona de la amabilidad. Esto ayuda a fomentar sentimientos ligados a vincularse, así como seguridad y conexión; además de ayudar a bajar la presión arterial, contribuye con la digestión de alimentos, acelera la curación y un montón de otras cosas que ya he mencionado antes.

9. Compartir la responsabilidad

En ocasiones, para hacer que la carga se sienta un poco más ligera, basta con saber que alguien más está al tanto de tus problemas y que está ahí para apoyarte. Parece como si no estuvieras pasando solo por eso.

10. Aliento

Un oyente comprensivo es capaz de ofrecer aliento y esperanza, lo cual puede volverse muy valioso en tiempos complicados.

11. Prevención de daños

Si alguien está considerando autolesionarse o tiene pensamientos suicidas, hablar puede ser una intervención clave para guiarlo hacia la ayuda profesional o la asistencia inmediata.

12. Ciclo de retroalimentación

Hablar sobre tu salud mental permite la retroalimentación. Con el tiempo, a medida que charlas sobre tus experiencias, estrategias y progreso, tener a alguien que te ofrezca comentarios puede ayudarte a medir tu progreso y hacer los ajustes necesarios. Y quién sabe, tal vez algún día podrás compartir todo lo que has aprendido con alguien más.

También recuerda que, aunque hablar con amigos y familiares puede ser beneficioso, hacerlo con profesionales capacitados como terapeutas y consejeros significa obtener orientación especializada, estrategias para sobrellevar tus emociones y otras técnicas terapéuticas adaptadas a tus necesidades individuales.

Si estás en el otro extremo de la situación y eres la persona a la que han acudido, la amabilidad puede ser tan simple como estar presente en el aquí y ahora para alguien que está sufriendo, sin ofrecerle soluciones. No siempre necesitan que resuelvas sus problemas, ni tampoco quieren que les digan que «sean fuertes». Algunas personas solo necesitan saber que estás ahí y que tienen un hombro donde llorar.

Comprueba cómo estás

¿Cómo te sientes hoy? He pensado en preguntártelo en caso de que nadie más lo haya hecho.

Pero en serio, ¿cómo estás? Con frecuencia saludamos a los demás con esta pregunta, pero rara vez la dirigimos hacia nuestro interior. Sin embargo, en medio del ajetreo de la vida diaria, las constantes notificaciones de nuestros dispositivos y la lista mental de cosas por hacer que parece inacabable, a veces simplemente resulta fundamental... hacer una pausa.

Imagina que tratas a tu mente como a un amigo entrañable. No soñarías con pasar semanas sin saber cómo está tu amigo, entonces, ¿por qué lo harías contigo mismo? Quizás sea el momento de «tomar un café» mental y convertirlo en un hábito. Imagínalo: una charla acogedora con tu propia mente, tal vez con una taza imaginaria. «Oye, cerebro, ¿cómo nos sentimos hoy?».

En serio, no tiene que ser un ritual complicado. No necesitas un lujoso cojín para meditar ni una esterilla de yoga (aunque puedes usarlos si quieres). Está bien si tu idea de relajación no es un té de hierbas o un carrillón de viento. El acto de hacer una pausa y reconocer cómo te sientes es suficiente: un pequeño gesto hacia tu bienestar mental.

¿Y sabes qué? No pasa absolutamente nada si en ocasiones esa conversación interna revela que las cosas no son de color de rosa. Quizás esté nublado con posibilidad de que caigan chuzos de punta. Está bien. Reconocerlo es el primer paso, ya que hay poder en admitir cómo nos sentimos en realidad.

Es autocompasión y es buena para tu salud mental. De hecho, investigadores del Departamento de Psicología Aplicada y Desarrollo Humano de la Universidad de Toronto demostraron[1] que practicar la conciencia plena y la autocompasión reducía los síntomas de depresión de manera significativa. Realizaron una prueba controlada de forma aleatoria que comparó a 78 personas que practicaban *mindfulness* y la autocompasión, en contraposición con 87 personas de un grupo de control. A la mayoría de los participantes los habían diagnosticado con trastorno de ansiedad generalizada y depresión. Después de cuatro semanas de hacerlo a diario, quienes habían practicado la conciencia plena y la autocompasión tenían una cantidad significativamente menor de síntomas depresivos, en comparación con quienes no lo habían hecho.

Lo importante de la autocompasión es no juzgarte ni reprenderte. Recuerda, estamos tratando a nuestras mentes como los amigos entrañables que son. Los amigos no regañan; escuchan, empatizan y, a veces, solo se sientan en un silencio cómodo.

Así que, mientras sigues con tu día, entre los plazos de entrega, las tareas y, sí, hasta las alegrías, tómate un segundo. Inhala, exhala y haz una pausa. Tu mente merece un poco de amor y cuidado. Tal vez hasta termines sintiéndote un poco más ligero después de «tomar un café» con ella.

¿Qué significa ser amable con uno mismo?

He comenzado este capítulo con una de las formas que puede adquirir el ser amable con uno mismo: hablar con alguien. Pero hay muchas maneras diferentes en las que podemos serlo. La vida trata sobre encontrar un equilibrio, el punto justo entre ser amables con los demás y serlo con nosotros mismos.

Ser amable con uno mismo no se encuentra en el mismo lugar para todos. Depende del contexto, de cómo te sientas, de dónde estés en la vida y cualquier otra cosa que esté sucediendo. Se trata de nutrir tu bienestar y forjar una relación positiva contigo mismo, dentro de tu contexto de vida. Aquí hay otras formas distintas que puede tomar:

1. Decir que «no»

Ser amable con uno mismo tal vez signifique decir que «no» o alejarse. No tiene que ser un «no» rotundo; quizás sea un «no en este momento» o incluso un «quizás más tarde». Un «no» suave, pero un «no» de todos modos. También puede significar salir de una habitación, una conversación o incluso una relación.

2. Tomarse un descanso

Ser amable con uno mismo tal vez implique tomarte un tiempo para ti mismo, hacer algo que te resulte importante. O simplemente descansar.

3. Darse un capricho

De alguna manera, cumplir con tus caprichos puede ser un acto de amabilidad con uno mismo: tal vez sea ropa nueva o un par de zapatos, arreglarte el cabello, dar un paseo, hacer una visita al *spa* o hasta un baño caliente, un libro y una copa de vino.

4. Desintoxicación de las redes sociales

Ser amable con uno mismo quizás consista en eliminar una cuenta de redes sociales, en especial si te genera estrés. O quizás sea bloquear a una persona que te está causando estrés.

5. Tratarse con compasión

Ser amable con uno mismo puede significar pensar en ti de la misma forma amable en que piensas en otras personas cuando cometen errores. Sé bueno contigo mismo; todos metemos la pata en algún momento.

6. Tener un diálogo interno positivo

Ser amable con uno mismo quizás consista en encontrar formas positivas de hablar contigo; menos de «Soy un idiota» y más de «Lo estoy haciendo lo mejor que puedo», «Me encanta aprender» y «Oye, solo soy humano».

7. Establecer límites saludables

Ser amable con uno mismo puede implicar trazar un límite claro respecto a cómo te gustaría distribuir tu tiempo o energía, o cómo vas a dejar que la gente te trate. Al hacerlo, creas un espacio protector que te permite salvaguardar tu salud mental y física, al mismo tiempo que promueves relaciones más saludables con quienes te rodean.

8. Perdonarse

Como ya he dicho, todos cometemos errores. Es parte de la experiencia humana. Así que ser amable con uno mismo puede significar reconocer las cosas que has dicho o hecho, y decidir dejarlas atrás, tal como le aconsejarías hacer a alguien que te importa.

9. Concentrarse en las fortalezas

Ser amable con uno mismo quizás consista en celebrar tus fortalezas, en lugar de centrarte en tus debilidades.

10. Haz cosas que colaboren con tu salud mental

Ser amable con uno mismo puede residir en hacer cosas que te ayuden con tu salud mental. La elección de hacerlo duplica su fuerza.

Me gustaría hablar más sobre este último punto, ya que recoge algunas ideas diferentes. Hago ciertas cosas a propósito porque colaboran con mi salud mental, como jugar al tenis. Es bueno para mi salud física, pero esa no es la razón principal. Sobre todo juego porque lo disfruto y me ayuda a sentirme bien conmigo mismo.

Todas las semanas recibo clases con el principal entrenador de mi club de tenis, Mark Walker, y siento que voy mejorando. Puedo asociar esa mejora con las decisiones que tomo y las acciones comprometidas que emprendo; por eso siento que progreso. Me genera una sensación de expansión y mejora que me ayuda a sentirme realmente bien. Así es como contribuye a mi salud mental. Se convierte en un acto de amabilidad conmigo mismo porque lo hago a propósito para ayudar a mi salud mental.

Es cuando haces algo que disfrutas o que tiene un significado para ti que se convierte en amabilidad hacia ti mismo. El poder reside en el «a propósito».

Reunirse con uno mismo

¿Alguna vez has notado que, no importa lo ocupado que estés, siempre encuentras tiempo para las personas que te importan? De la misma manera, ser amable con uno mismo a veces significa encontrar tiempo para ti, sin importar lo ocupado que estés.

A veces, cuando siento que lo necesito, anoto «Reunión conmigo mismo» en mi agenda. Puede ser una hora o media, y hasta he llegado a ocupar un día entero. Leo un libro, salgo a caminar e incluso veo una película o algunos episodios de *Star Trek*.

Al escribirlo en mi agenda, le estoy diciendo a mi subconsciente que hacer tiempo para mí es importante. Le doy a este «tiempo para mí» tanta importancia como se la daría a una reunión con otra persona.

¿Por qué nos sentimos culpables por tratarnos bien?

Bueno, hacer cosas amables por uno mismo está bien, pero algunos estamos ocupados, tenemos compromisos, otras prioridades. Te entiendo: sé cómo te sientes, he estado en tu lugar. Pero, como se suele decir, no puedes servir de una taza vacía. En realidad, debemos encontrar un equilibrio saludable.

Entonces, ¿por qué nos sentimos tan culpables por tomarnos un poco de «tiempo para mí»? En su lugar, deberíamos sentirnos genial por cuidarnos (otra manera de ser amable con uno mismo), pero terminamos sintiéndonos culpables. Hay algunas razones que podemos empezar a desarmar si las entendemos, lo cual nos deja lugar para ser un poco más amables con nosotros mismos. Aquí tienes algunas de ellas:

1. Viejas tradiciones

Muchas culturas dicen: «¡Piensa en los demás antes que en ti mismo!». Valores como el altruismo, el sacrificio y el servicio son bien vistos. Así que, en ocasiones, tratarte bien o tomarte un tiempo para relajarte en el sofá simplemente parece estar mal.

2. ¿Qué es el autocuidado?

Algunas personas ni siquiera saben por dónde empezar, mientras que hay otras que piensan que el autocuidado significa darse un atracón de chocolate y ver Netflix todo el día (no es que haya nada de malo en eso). Pero más bien se trata de ser la mejor versión y la más saludable de uno mismo (mental y físicamente), ¡para que también puedas ser así con los demás!

3. Autocuidado versus escapadas de lujo

Vamos, tampoco es que todo el autocuidado consista en viajes al *spa*. Esa es una percepción equivocada frecuente. Puede serlo, pero a veces solo se trata de disfrutar de un buen libro o un paseo por el parque.

4. Nos preocupa lo que otros puedan pensar

Nadie quiere que lo llamen «perezoso», ¿no es cierto? Pero esta es la cuestión: hay una diferencia entre ser perezoso y recargar energías. Tenlo en cuenta.

5. La lista interminable de tareas

Seamos realistas: siempre hay algo que hacer, ¿verdad? Siempre pienso que debería estar haciendo algo productivo en lugar de descansar. Pero el hecho es que si consumes toda tu energía, la lista solo se hará más larga.

6. Ser tu crítico más riguroso

Si siempre estás tratando de ser Superman o Wonder Woman, es difícil que te permitas tener un momento de paz. ¡Hasta los superhéroes necesitan hacer descansos!

7. Los viejos hábitos son difíciles de romper

Si has crecido en un lugar donde tus necesidades eran lo último o se invalidaban, puede que priorizarte ahora te parezca raro, incluso si estás tratando de cuidar tu salud mental.

8. La necesidad de ser necesario

Sienta bien ser necesario. Algunas personas obtienen su autoestima de ser indispensables para los demás. Al tomarnos tiempo para nosotros mismos, podemos sentir que se reduce nuestro valor o la importancia que tenemos en las vidas de los demás. Pero cuidarte a ti mismo significa que tienes más energía para ayudar a otros.

9. Preocupaciones laborales

En algunas culturas de trabajo, en especial donde la seguridad laboral es motivo de preocupación, tomarse tiempo libre (incluso si lo mereces) puede ser visto como un lujo o una señal de no estar comprometido por completo con el trabajo. Sin embargo, todos necesitamos un respiro de vez en cuando.

10. Altruismo equivocado

Por último, existe la idea de que cuanto más das, mejor persona eres; que hay virtud en dar continuamente o sacrificarse sin descanso. Pero si estás agotado, ¿cuánto puedes dar en realidad?

Menciono todo esto para que la próxima vez que te sientas culpable por darte un baño de burbujas o dormir una siesta, recuerdes: ¡no solo está bien, sino que es necesario! Es fundamental internalizar la idea de que el autocuidado no es egoísta; es un componente necesario de una vida equilibrada.

Sin lluvia, no hay flores

Ser amable con uno mismo también implica reconocer que no ser feliz todos los días no significa haber fracasado en la vida. Digo esto porque en la sociedad actual existe una presión que nos empuja a creer que, si no estamos radiantes de felicidad de manera constante, es porque de algún modo fracasamos en la vida; que el éxito equivale a la felicidad. Pero déjame contarte un pequeño secreto: eso es una chorrada.

Piensa en algún momento en que hayas estado en la calle justo después de una tormenta: existe una frescura indescriptible en el aire, todo se ve más limpio, más brillante, y luego, si tienes suerte, hasta podrías ver un arcoíris. Ninguno de esos momentos mágicos sería posible sin la lluvia. ¡Sin lluvia, no hay arcoíris! ¡Sin lluvia, no hay flores!

La vida no es distinta. Esos días nublados, las tormentas emocionales, los momentos en los que te sientes un poco ahogado; todos ellos son parte de tu crecimiento. Los torrentes de emociones y desafíos suelen conducir a momentos más radiantes de claridad, comprensión y florecimiento. Diablos, si hasta ocurre que algunos de los mejores aprendizajes provienen de los aguaceros más torrenciales de la vida.

¿Necesitas ser feliz 24/7 para llevar una vida exitosa y significativa? Por supuesto que no. La felicidad es solo una emoción en la vasta paleta que va coloreando el intrincado retrato de tu vida. Está bien sentirse triste, confundido o inseguro; es normal. Está bien tener días en los que necesitas un paraguas, o tal vez incluso una barca.

Recuerda: así como las flores precisan tanto sol como lluvia para crecer, nosotros necesitamos una mezcla de experiencias para florecer de verdad. La próxima vez que te sientas algo decaído, dite: esto también pasará y, después de la lluvia, saldrán las flores. Mantente animado y siempre con la cabeza en alto.

En la vida también hay una herramienta de particular utilidad que consiste en aceptar lo que está sucediendo. No es para cualquiera; yo sé que no estoy de acuerdo con todo lo que sucede. Pero si tenemos esa mentalidad con muchas de las cosas que pasan (aceptar las cosas y a las personas tal como son), ayuda. Es una especie de varita mágica, porque una vez que te vuelves bueno en ello, simplemente se disipa una gran cantidad de estrés, irritación, molestia y frustración.

Ahora bien, algo de esto depende de lo que esté ocurriendo en tu vida. Pero esa carretera cerrada que te hará llegar quince minutos tarde a una cita, la falta de respuesta al importante correo electrónico que enviaste ayer, la mancha de salsa de tomate en la mesa de la cocina... no son el fin del mundo. Al menos merece la pena intentar aceptar muchas más cosas. Se trata de mejorar esa habilidad con cosas que por lo general no te gustan, las cosas cotidianas que te hacen sentir molesto o frustrado. Permitirte un poquito de relajación es una forma de autocuidado mental.

Aún puedes esforzarte por lo que quieres, pero con este mantra de fondo: «Pase lo que pase hoy, estaré bien». Puede que no lo creas ahora mismo, pero cuando lo uses, te darás cuenta de que cultivar esta mentalidad es bastante útil. No es la única fórmula de la felicidad para el tablero de la vida, pero funciona la mayor parte del tiempo: «Está lloviendo a cántaros y me voy a empapar; no pasa nada, está bien. Me acaban de dar un aumento en el trabajo, genial; lo que está pasando está bien». Acepta lo bueno y lo malo.

Adoptar esta mentalidad te ayuda a ser menos resistente a lo que está ocurriendo. No significa que no puedas celebrar lo bueno, pero regocíjate, toma unas cervezas y luego vuelve a ti.

Los altibajos son normales. Están escritos en la experiencia humana, en la profundidad de la psiquis humana. Esperamos un tira y afloja. Al igual que las mareas del océano, la entrada y salida del aire al respirar, el latido del corazón, la noche y el día, todo tiene ciclos. Evolucionamos dentro de ciclos de entrada y salida, de arriba y abajo. Hemos llegado a esperarlos en cada aspecto de la vida. Por eso muchas veces lo malo llega antes del éxito.

Así que no le tengas miedo. Es normal. Acéptalo. También pasará para dar paso a la próxima ola de cosas buenas.

No te enfades si está lloviendo en tu vida; el sol volverá a brillar. Eso es lo que hace. ¡Sin lluvia, no hay flores!

Pensé en mi padre cuando comencé a escribir este apartado. Fue horrible que tuviera un tumor cerebral y que al final falleciera. Lo fue para mi madre, en especial, porque nunca había estado sola. Pero el tiempo cura. Y el sol vuelve a salir.

Un mes antes de que falleciera, me quedé con él una noche para que mi madre pudiera descansar e ir al bingo con sus amigas. Le pregunté sobre su juventud y me contó que jugaba al fútbol.

Su equipo, Holy Cross, Croy, ganó el Trofeo Memorial John Thomson en 1962. Era el equivalente a la Copa de Escocia para el nivel en el que jugaba. Marcó un gol en la final y varias veces antes de llegar ahí. Esa noche estaba lúcido cuando habló de esto y se sentía orgulloso de su logro, aunque el tumor jugaba un poco con su mente.

Subió las escaleras y volvió con la copa. Me la dio y me dijo que ahora era mía. La reconocí al instante, ya que mi hermana mayor, Lesley, y yo jugábamos con ella cuando éramos niños. Le faltaba la base porque la rompimos, pero ninguno de nosotros lo admitió en aquel momento. Creo que fue mi hermana quien lo hizo, aunque también podría haber sido yo. Ahora ya era agua pasada.

Atesoro esa copa y el hecho de que esté rota. Así es la vida familiar. Lo hace aún más especial.

Las cosas han mejorado. Ha pasado un año y nos hemos acostumbrado a que mi padre no esté aquí. Y tengo el Trofeo Memorial John Thomson en mi escritorio.

Sin lluvia, no hay flores.

Acéptate a ti mismo

Hace unos años, escribí un libro llamado *Lo que me gusta de mí*. Un libro para aprender a quererte. Sin que mi editor y los lectores lo supieran, yo mismo estaba luchando con mi amor propio o autoestima. (Utilizo «amor propio» y «autoestima» de manera intercambiable: esa sensación interna de tu propio mérito y valor). Escribirlo fue catártico y sanador. Me cambió en muchos niveles.

Una de las cosas de las que me di cuenta fue que no existe nada de malo en tener problemas y desafíos en la vida que te cuesten superar. Significa que eres humano. A todos nos suceden cosas malas, pero muchos lo pensamos demasiado y creemos que casi todos los demás se pegan la gran vida.

Nos comparamos demasiado con otras personas: «Ojalá fuera como Joe y pudiera ganar dinero con tanta facilidad». «Ojalá nuestra casa fuera tan grande como la de Claire». «Ojalá pudiera comer como Amy sin engordar». «Ojalá mi vida fuera tan fácil como la de Pete».

Pero hay una pepita de oro que quiero compartir con vosotros. Imagina por un momento que la vida es un inmenso teatro cósmico donde se nos asignan papeles para que los interpretemos. Ahora bien, ¿qué pasa si estás ocupado tratando de robar el disfraz de Jane o el acento de Emma? Caos, ¿verdad? No solo arruinas tu discurso, sino que también les quitas a los demás el personaje único que se supone que debes interpretar.

Se parece a tratar de forzar a un cactus para que florezca como una rosa. Primero, ¡ay! Y, segundo, si nuestro amigo espinoso no hiciera lo suyo, no tendríamos esa atmósfera de desierto.

Oscar Wilde, aquel legendario ingenioso, dijo una vez: «Sé tú mismo; los demás ya están tomados». Pienso que tenía razón. No tiene sentido pasar los días persiguiendo el reflejo de otra persona cuando tienes una esencia propia que resplandece. Es como querer ser la luna cuando brillas tanto como una estrella.

¿No crees que eres una estrella brillante? Claro, todos tenemos nuestras dudas y sombras; esos pensamientos furtivos que susurran: «No eres suficiente» o «deberías parecerte más a tal persona». Pero si todos siguieran ese consejo, estaríamos viviendo en un mundo de clones y, para ser franco, suena como a una película de ciencia ficción que acaba mal.

La vida es demasiado corta y tú, demasiado genial para usar los zapatos de otra persona, sobre todo si la talla es demasiado pequeña. Abraza tus rarezas, celebra tus peculiaridades y recuerda: el mundo necesita tu sabor. Así que espárcelo por todas partes y dale más sazón a la vida. ¡Sigue siendo increíble y, lo más importante, sigue siendo tú!

¿Qué importa si no le gustas a alguien?

Mientras estamos con el tema general, hablemos de otro concepto muy importante: no debes gustarle a todo el mundo. Lo sé, lo sé. Suena un poco rebelde, pero escúchame.

Imagina que estás probándote un par de zapatos de los que todo el mundo habla, solo para descubrir que no te quedan bien. Te aprietan los dedos, se te resbala el talón y cada paso parece una diminuta tortura. Los zapatos favoritos de todo el mundo simplemente no son para ti. Así es como puede sentirse el hecho de tratar de gustar a los demás: incómodo, antinatural y un poquito doloroso.

Ahora bien, piensa en ponerte tu par de zapatillas favoritas. Esas que han visto días mejores, pero que te quedan perfectas. Esa es la sensación de ser tú sin pedir disculpas. Sin pretensiones, sin filtros, solo tú en un estado puro y genuino. Es cómodo, ¿verdad?

Lo cierto es que la vida no es un concurso de popularidad (aunque en ocasiones parezca que la secundaria nunca acabó en realidad). Cuando vamos por ahí tratando de gustar a todo el mundo, a menudo terminamos silenciando las rarezas y cualidades que nos hacen…, bueno, nosotros.

Esta es la realidad: a algunos les gustarás, otros te adorarán, otros no, y no pasa nada. Si a alguien no le caes bien por lo que eres, por lo general se relaciona más con su perspectiva que con tu valor. Prioriza los vínculos que te apoyan y te hacen sentir bien.

Al ser tú mismo, es natural que gravites hacia las personas que aprecian y aman al verdadero tú. Son tu tribu: entienden tus bromas, abrazan tus rarezas y no te cambiarían por nada. Y ese tipo de magia vale mucho más que cien interacciones tibias en un día cualquiera.

Haz lo tuyo. Deja que tu bandera única ondee en lo alto. Porque entonces las personas correctas la verán, les encantará y correrán hacia ella con sus propias banderas ondeando en el viento, tan únicas como la tuya. Y entre todos daréis un desfile bastante colorido.

Ser amable con uno mismo puede ser feroz

Antes de continuar con el libro, quiero decir algo importante de verdad que nos ayudará a avanzar. Se trata de que, cuando hablamos de amabilidad en la sociedad, con frecuencia aparece una imagen de suavidad, gentileza, quizás hasta cierta fragilidad (como pensar en alguien cuidando una flor delicada o susurrando palabras delicadas a un pajarito). Pero tiene truco: ser amable con uno mismo también puede ser absolutamente feroz.

Déjame explicártelo. Tal vez has tenido uno de esos días en los que eres tu crítico más severo; has derramado tu café, has enviado un correo electrónico con un error tipográfico que cambia por completo el sentido o se te ha pasado una fecha de entrega. Y, en lugar de ofrecerte un poco de compasión, te sumerges en el profundo agujero de «¿Por qué no puedo hacerlo bien?».

Ahora imagina que, durante esa tormenta interna, tu propia amabilidad rugiera como un león y ahogara esas dudas con un atronador «¡Basta! ¡Eres humano y lo estás haciendo lo mejor que puedes!». Eso es feroz.

Piensa en las veces que te has esforzado demasiado, en las que hayas trabajado hasta muy tarde durante varias semanas seguidas o en las que te hayas saltado comidas solo para tachar una tarea más. ¿Qué pasaría si ser amable con uno mismo no fuera solo un gentil «Está bien, haz un descanso», sino un apasionado grito de «¡Alto! ¡Mereces descanso y cuidado!». O un fuerte y ruidoso «¡Nada más!». Una línea en la piedra tallada con un taladro neumático de determinación positiva.

Ser amable contigo mismo de un modo feroz se parece a ser ese hermano mayor que te protege y no dejará que nadie (en especial, tu propio crítico interno) se meta con su hermano pequeño. Se trata de enfrentarse a las presiones sociales que insisten en que siempre debes ser más, hacer más y esforzarte más. Es decir: «Me valoro demasiado como para dejar que nada ni nadie, incluidas mis propias dudas, me arrastren hacia abajo».

La próxima vez que pienses en ser amable contigo mismo, no consideres solo la suave caricia de una mano reconfortante. Imagina una llama rugiente, una ola poderosa, la fuerza de la naturaleza que afirma con ferocidad: «Soy suficiente, hago lo suficiente y merezco amabilidad, sobre todo de mi parte». Recuerda: ya sea suave o feroz, ser amable con uno mismo es una fortaleza. Abrázala, amplifícala ¡y déjala rugir!

El punto justo

Hay un equilibrio (un punto justo) entre ser amable con los demás y serlo con uno mismo. A veces no parece importar, pero otras sí. Se asemeja un poco a descubrir la receta perfecta para un delicioso postre. Ya sabes, esa clase de postres que tiene la cantidad justa de dulzura sin resultar empalagoso. Bueno, la vida también es un poco así.

Continuemos con la analogía del postre. Imagina que estás horneando un pastel. Ser amable con los demás sería como agregar todos esos ingredientes maravillosos que hacen que sepa increíble: la harina, el azúcar, los huevos y ese toque de vainilla para darle un sabor extra. Se trata de estar presente para tus amigos, echar una mano y propagar positividad dondequiera que vayas. Al igual que la masa del pastel, la amabilidad hacia los demás es la base de una vida encantadora.

Pero no olvides añadirte a la mezcla. Ser amable contigo mismo es como darle al pastel la oportunidad de hornearse de manera adecuada. Debes tratarte con cuidado, escuchar tus necesidades, ajustar la temperatura y practicar la autocompasión. Equivale a comprobar el avance en el horno, asegurándote de que no esté muy cocido ni tampoco crudo. Si te descuidas, podrías terminar sintiéndote agotado o poco apreciado.

En la gran receta de la vida, tenemos que recordar espolvorear amabilidad con generosidad, no solo hacia fuera, sino también hacia dentro. Y encontrar ese punto justo donde el corazón se siente ligero; el alma, nutrida y tus acciones generan más bondad en el mundo. Al final, una vida bien equilibrada es una vida bien vivida, al igual que un pastel horneado a la perfección es una alegría para el paladar.

El poder delicado del «no»

Antes he mencionado que ser amable con uno mismo en ocasiones puede implicar decir que «no». Imagina esto: es una noche acogedora, llevas tu pijama favorito y tienes ese libro nuevo en el que deseas sumergirte. Entonces, un zumbido; aparece un mensaje: «¡Hola! ¿Te gustaría salir esta noche?».

Todos hemos estado ahí: ese delicado balancín entre querer complacer a los demás y honrar las propias necesidades. En ocasiones, podemos sentir la presión de decir que «sí», porque ¿no es eso lo que hacen los buenos amigos?

Pero hablemos del subestimado poder de decir que «no». No se trata de cualquier «no», sino de un «no» delicado, cubierto de amabilidad: tanto para ti como para la persona que hay al otro lado.

Creo que podemos acordar que ser amable con uno mismo no consiste solo en baños de burbujas y bombones (aunque también pueden ser geniales). Se trata de reconocer nuestros límites y necesidades; de asegurarnos de que nuestra copa permanezca llena para seguir sirviendo las de los demás.

En fin, no me malinterpretes. No es una campaña en contra de decir que «sí» o aceptar la espontaneidad. Más bien se trata de darnos cuenta de que no está mal elegirnos a nosotros primero, incluso si eso significa rechazar una invitación o pedir algo de tiempo. Entonces, la próxima vez que te enfrentes a una decisión similar, recuerda que no necesitas entregar el «no» con la fuerza de un mazazo. Puede ser tan delicado como una pluma, un recordatorio gentil de que estás cuidando tu bienestar.

Después de todo, un «no» delicado sigue siendo una forma de ser amable con uno mismo. Y eso es importante; está bien priorizarse. La próxima vez que digas «no», hazlo con una pizca de amabilidad. Podría ser lo más agradable que hagas por ti mismo en todo el día.

¿Sacrificarse es siempre un acto de amabilidad?

Continuemos con la idea del punto justo. Supongamos que estás sentado en tu silla favorita con un tazón caliente en la mano, hojeando una novela. Entre las escenas de acción y los momentos conmovedores, te encuentras con historias de héroes y heroínas que sacrifican todo por el bien común. Es inspirador (la noble idea de poner a los demás antes que a nosotros mismos), pero aquí hay algo para reflexionar: ¿sacrificarse es siempre un acto de amabilidad?

El instinto de ayudar, animar y proteger es uno de los aspectos más hermosos de la naturaleza humana. Y, con frecuencia, sacrificarse puede ser un verdadero acto de amor y amabilidad. Pero pensemos en el otro lado.

Imagina una vela. Cuando arde, ofrece luz y calor a su alrededor. Si arde demasiado rápido, se agota de forma prematura, dejando la habitación en penumbra, lo cual es un fastidio para las personas que aún están comiendo. De manera similar, si constantemente descuidamos nuestras necesidades y bienestar, podríamos tener poca luz para ofrecer.

Hacer más de lo que podemos tal vez nos lleve al agotamiento, al resentimiento y a la disminución de nuestra capacidad de ofrecer un cuidado genuino. Por momentos, la obsesión por parecer abnegados puede provenir de la búsqueda de validación o de evitar afrontar nuestras propias necesidades. Pero cuando el sacrificio se convierte en un comportamiento compulsivo en vez de una elección consciente, debemos detenernos y reflexionar.

Además, sin quererlo, el sacrificio constante puede comunicar a nuestros seres queridos que su bienestar importa más que el nuestro. Tal vez esto los llene de culpa o les enseñe que descuidarse es la norma.

Entonces, aunque el sacrificio puede ser un acto hermoso y amable, resulta esencial encontrar un equilibrio. Para cuidar a los demás de verdad, también debemos cuidarnos a nosotros mismos. La próxima vez que pienses en esforzarte mucho por otra persona, pregúntate: «¿Estoy funcionando con lo justo?». Si la respuesta es sí, quizás sea el momento de volver a servir tu copa antes de hacerlo para los demás. ¡Salud!

La amabilidad es infinita... pero tu energía, no

A estas alturas, no es ningún secreto que creo en la amabilidad como una cualidad universal y tan vasta como el universo mismo. El universo no tiene límites, al igual que la amabilidad que llevamos dentro. Pero la cosa es que, aunque la amabilidad no tiene fin, tu energía personal se parece más a la batería de tu teléfono. Incluso si tienes el último modelo y el mejor, al final necesitará recarga.

No me malinterpretes: inundar el mundo de buena voluntad es fantástico. ¡Estoy contigo animando al Equipo Amable! Estoy a favor de sujetar puertas, hacer cumplidos y enviar mensajes alentadores a las dos de la mañana para calmar a un amigo. Pero incluso los superhéroes necesitan recargar de vez en cuando (hablo de ti, Peter Parker). Y es fundamental recordar este equilibrio.

Para empezar, dar de manera continua sin reponer reservas puede dejarte agotado, quemado o incluso resentido. Piénsalo como si se tratara de servir agua de una jarra: si no la rellenas de vez en cuando, pronto estarás sacudiendo las últimas gotas, preguntándote a dónde se fue todo.

Además, cuando estás funcionando con lo justo, la calidad de tu amabilidad podría caer en picado sin quererlo. En lugar de amor total, podrías ofrecer una sonrisa a medias. En lugar de escuchar con ambos oídos, tal vez solo lo hagas con uno. O peor, que escuches a medias mientras en tu cabeza haces la lista de la compra para la cena de mañana.

La solución es recordar ser amable también contigo mismo. Da un paseo, lee un libro, tómate un café, medita o simplemente duerme una siesta. Vuelve a llenar tu taza de energía con lo que mejor te parezca. Y recuerda: establecer límites no es vergonzoso ni egoísta; es autocuidado.

Al final, preservando y revitalizando tu energía, te aseguras de que la amabilidad que esparces sea genuina, profunda y fluida. Porque, aunque la amabilidad sea infinita, es mejor servirla fresca desde un corazón bien descansado.

No dejes que el comportamiento de otras personas te cambie

Imagina que es un día soleado y tienes un delicioso helado en la mano. Estás a punto de saborearlo por primera vez y, de repente, ¡plof! Un pájaro que hay encima de ti decide que el helado es el lugar perfecto para…, ya sabes, hacer sus necesidades (casi me pasa en la cara esta mañana, mientras paseaba al perro). Podrías pensar: «¡Ya está! ¡Los pájaros dan asco! ¡De aquí en adelante comeré siempre dentro de casa!». Pero eso significaría dejar que un pájaro travieso determine tu alegría en los días soleados.

Se parece un poco a cuando alguien reparte una dosis de falta de amabilidad. Pues claro, puedes pensar que una nube acaba de aparecer sobre ti. Pero si dejamos que cada palabra o acto desagradable cambie nuestra esencia, le estamos entregando el control remoto metafórico a quien nos ha molestado. ¿De verdad queremos que Marty el Mandón, Nellie la Negativa o Eve la Egoísta tengan ese tipo de poder?

Lo entiendo, es más fácil decirlo que hacerlo. No se trata de ser un felpudo; defenderte puede ser oro, un acto de amabilidad hacia uno mismo. Pero responder transformándote en una persona desagradable… es como dejar que gane el pájaro que hace popó. Entonces, si alguien intenta arruinarte el desfile, acuérdate de tu helado. Disfruta del sol, protege el cono y quizás puedas llevar una pequeña servilleta (o mucha elegancia) para los líos imprevistos. ¡Sigue siendo agradable! Eres demasiado genial para dejar que los pájaros (o el gruñón de turno) arruinen tu diversión.

«Humilde» no es lo mismo que «sencillo»

La humildad es una cualidad entrañable, por eso muchos queremos adoptarla. El problema es que al pensar en ello nos enredamos. Ser humilde no implica ser sencillo, da igual lo que te hayan dicho. Una amiga me contó que, cuando era niña, le dijeron que debía ser sencilla, que eso era virtuoso. (Resulta curioso cómo llevamos ideas simples recogidas en la infancia hasta la adultez. Las ideas se nos quedan grabadas: ya tenía treinta cuando me di cuenta de que no me crecería un manzano dentro si comía semillas de manzana).

Piénsalo. Puedes sobresalir en lo que haces y seguir siendo humilde, amable y relajado. Sin embargo, solemos enredar nuestros pensamientos con «Los mansos heredarán la Tierra» y todo eso; creemos que debemos infravalorarnos para ser humildes. Pero no, no funciona así.

Ser humilde es como decir «Sí, soy bueno en esto, pero también tengo cosas que aprender». No se trata de quitarte importancia o menospreciarte, sino de ser real y genuino. Es un movimiento de fuerza, para ser honesto. Cuando no lo haces, se parece más a «No soy lo bastante bueno», lo cual no es lo mismo. La humildad es buena. ¿Infravalorarte? No tanto.

Hay una cita de Buda que dice algo así: «Una palabra genuina es mucho más genial que mil falsas». Bueno, estoy parafraseando. No recuerdo sus palabras exactas, pero habla de seguir siendo real, en vez de presumir. Entonces, sé amable contigo mismo. Acepta la humildad sin encogerte. Una vez más, se trata del punto justo. Celebra tus éxitos, pero no seas un imbécil.

Son las pequeñas cosas

Antes de pasar al siguiente capítulo, voy a ofrecerte algunos consejos generales para la vida que te ayudarán a sentirte mejor. Se trata de cómo, al ampliar la perspectiva y observar la vida, resulta fácil quedar atrapado en las grandes cosas: los hitos importantes, las decisiones difíciles, los inmensos momentos de «¡ajá!». Pero eso no es lo que en realidad importa.

He estado pensando en esto mientras trabajaba el texto y me encontré reflexionando sobre el día en que se publicó mi primer libro. Aunque el evento de presentación fue emocionante en sí mismo, hubo miles de momentos importantes antes: escribir durante meses en medio de la noche (durante cierto tiempo era el único momento que encontraba) con mi portátil, una vela y un café fuerte; cómo mi pareja y mi familia me apoyaron mientras lo escribía; los comentarios sobre las primeras versiones que recibí de mis amigos; los días que le dediqué a la edición, con los altibajos y los rechazos de los editores; escribir en cafeterías o en el parque cuando hacía sol, y muchos más.

Es muy fácil centrarse en las cosas aparentemente grandes de la vida, pero son las pequeñas las que más importan. Serán las que de verdad terminemos recordando o lamentando perder.

Fíjate, por ejemplo, en los pequeños gestos que vivimos cada día: un amigo que te da una suave palmada en la espalda; la sonrisa que compartes con otro al pasar; cuando alguien dice que le gusta tu cabello o tu chaqueta; la llamada de un familiar solo para decir «hola». Por sí mismas, pueden no parecer demasiado, pero cuando las juntamos, son las cosas que calientan nuestros corazones y crean nuestros recuerdos.

Las cosas más diminutas pueden alegrarnos el día, como el olor del café recién hecho al despertar (bueno, al menos es lo que a mí me pasa), los pájaros dando un concierto matutino, la sensación y el olor de tu libro favorito, o un perro lamiéndote la cara para decirte que es hora de levantarse.

Hace un momento, mientras escribía esa última oración, mi perra, Daisy, ha hecho un pequeño gemido, que es su forma de decir: «Papi, ráscame la barriga». Así que lo he hecho. Tal vez haya sentido que estaba pensando en ella. Son estos detalles los que añaden un toque de color y alegría al ajetreo del día a día.

He descubierto que, en realidad, al sintonizar con estos pequeños momentos, empiezo a ver el mundo de una manera algo distinta. Siento más gratitud por mi vida y por las personas con las que la comparto. Es como ver de pronto el mundo en alta definición, en lugar de hacerlo de la forma granulada estándar con la que vemos las cosas más grandes. Prestar atención a todas las pequeñas maravillas que solemos pasar por alto hace que la vida sea más rica y divertida.

Así que, aunque los grandes momentos tienen su protagonismo y son importantes, no olvidemos que son los pequeños detalles cotidianos los que hacen que la vida sea hermosa. Nos recuerdan que todos estamos juntos y que hay belleza en lo aparentemente ordinario.

Apreciemos más las pequeñas cosas, ¿vale?

8

Liderar con amabilidad

Mi padre trabajó en la construcción durante unos cincuenta años a tiempo completo hasta que se jubiló, a los setenta años.

Unos años después, nos ayudó a mi pareja y a mí a renovar una vieja cabaña. Fue la primera propiedad que poseíamos. Mi padre y yo trabajamos codo a codo durante meses. Es uno de los recuerdos que tengo con él que más aprecio. Me sentía como su aprendiz porque, hasta ese momento, toda mi experiencia en reparaciones se limitaba a conectar un enchufe (con torpeza) y cambiar un par de bombillas. Fue una de las experiencias más gratificantes de mi vida, ya que pude estar con él todos los días y aprender habilidades de construcción y carpintería que me quedarán para siempre.

Un día, me contó la historia de algo que le había sucedido en el trabajo pocos años antes de jubilarse. Mi padre había trabajado la mayor parte de su vida como albañil especializado en hormigón, y uno de sus trabajos era nivelar suelos en centros comerciales y tiendas. En una ocasión, mientras la empresa construía una nueva tienda, se rompió una tubería subterránea de agua. La gente empezó a entrar en pánico, porque el agua pronto llegaría hasta la carretera e interrumpiría el tráfico del centro de la ciudad. Un desastre.

Mi padre oyó el alboroto. Casi sin pensarlo, bajó al agujero y utilizó una palanca para hacer fuerza contra la tubería y contener parcialmente el flujo de agua. Pero esta continuaba saliendo, aunque con menor intensidad.

Tenía un lote de hormigón ya preparado para el nuevo suelo. En lugar de usarlo para lo que había previsto, colocó una parte sobre la tubería rota. Era espeso y selló la grieta con rapidez. El derrame se detuvo; todos sintieron alivio. ¡Trabajo cumplido! Luego, siguió con sus tareas, empapado, hasta terminar su turno.

Al día siguiente, el CEO de la compañía apareció en el lugar. Se presentó y estrechó la mano de mi padre. Había venido desde la oficina central, a unos 50 kilómetros, para verlo a él y darle las gracias en persona. Sus acciones le habían ahorrado muchas molestias a la empresa.

Mi padre le restó importancia. «No fue nada», dijo. Pero el hombre le aseguró que era un asunto muy importante. Había requerido coraje y pensar con rapidez. Estaba genuinamente agradecido. Preguntó si podían tomarse una foto y si podía colocarla en el boletín corporativo.

Después charlaron durante un rato. El director le preguntó a mi padre sobre su trabajo, qué hacía y cuánto tiempo llevaba en la empresa. También le preguntó sobre su familia. Le contó que mi madre y mis tres hermanas habían trabajado para el Servicio Nacional de Salud, y luego añadió: «Mi hijo es doctor». (Como he dicho antes, siempre decía eso).

Mi padre había sido un trabajador de oficina toda su vida. Me contó que esta era la primera vez que no se sentía «solo un trabajador». Aunque nunca se decía de forma explícita, existía una división entre trabajadores de oficina y trabajadores manuales en cada empresa con la que había trabajado. Se daba a entender, por la forma en que siempre se les hablaba, que, de alguna manera, los trabajadores manuales eran menos importantes y valiosos que los de oficina. Más prescindibles. Si cometías un error, te reprendían. Si faltabas a algunas jornadas por cualquier razón, te despedían. Así de simple. Creo que, de alguna manera, para mi padre, que yo estuviera tan altamente cualificado, que tuviera un doctorado, fuera científico y ahora escritor de libros, para nosotros (como familia) representaba estar en la cima. Tal vez por eso se sentía tan orgulloso diciéndole a la gente que yo era doctor.

Aquel día, cuando el CEO fue a verlo, se sintió importante. Respetado. Apreciado. Valorado. Eso le importaba de verdad. Lo que le impresionó más fue el hecho de que el «hombre de arriba», como lo llamaba, había ido a verlo en persona para darle las gracias.

Mi padre era una persona tranquila y humilde. En los cerca de diez años que habían pasado desde aquel episodio, apenas se lo había contado a alguien. A mí solo me lo mencionó de pasada, no para exaltar lo que había hecho, sino para enfatizar la amabilidad del director en ir a visitarlo. No le costó nada ir a darle las gracias, pero el impacto de su amabilidad fue muy grande. Sus acciones recogen lo que pienso que significa liderar con amabilidad, y creo que todos podríamos beneficiarnos de eso.

Imagínate que nos ayudáramos unos a otros a sentirnos valorados y respetados, a sentir que lo que hacemos importa; a ayudarnos mutuamente para sentirnos incluidos y parte de todo; a confiar en las personas y dejarlas aprender. Podríamos comenzar por acordarnos de dar las gracias; por respetar las necesidades, creencias y sentimientos de los demás. Por escucharlos y alentarlos. Así es como empezamos a crear una cultura de la amabilidad (ya sea en casa, en el trabajo, en nuestras comunidades o en el mundo) para sacar lo mejor de cada uno.

Elogia a los demás cuando puedas; nunca sabes lo que significará para ellos. La amabilidad no tiene por qué costar nada. Un acto pequeño en apariencia, o unas pocas palabras de aliento que te parezcan pequeñas, pueden resultar enormes para alguien más: justo lo que esa persona necesita ese día.

En una cultura que se siente segura, los amigos y colegas se esforzarán más, y usarán su creatividad y sus recursos internos de maneras que no tienen a mano en culturas más restrictivas o temerosas. En cualquier negocio u organización, es una vía hacia soluciones creativas e inesperadas.

Es más, no necesitas esperar a que alguien en la cima declare que todos deberíamos empezar a ser más amables. Comienza donde estés. La amabilidad es altamente contagiosa: las pequeñas acciones pueden propagarse con velocidad y generar grandes cambios.

Liderar con amabilidad: ¡es más fácil de lo que crees!

En una ocasión, después de dar una charla sobre amabilidad y salud mental en un evento corporativo, tuve una conversación con uno de los gerentes de mayor experiencia. Acababa de compartir la historia sobre mi padre, y el hombre dijo que, en efecto, quería ser un líder amable. La cuestión era que no estaba seguro de su significado.

«¿No debería saber ya sobre esto?», me preguntó. Explicó que se sentía algo estúpido al preguntarles a sus colegas; nadie quiere parecer ignorante frente a su equipo. Sin embargo, me pareció tan cálido y genuino que pensé que ya era un líder amable sin saberlo.

«En esencia, tiene que ver con cómo tratas a las personas», le expliqué. «Si eres amable con la gente mientras haces tu trabajo, estás liderando con amabilidad».

Creo que muchas personas en cargos de liderazgo ya lideran con amabilidad sin ni siquiera darse cuenta (mientras hay otros que podrían necesitar un empujoncito en la dirección correcta). Ser amable se aplica a la vida en general. Solo cambia el contexto. Las reglas son las mismas. Las normas en este capítulo se aplican tanto al modo en que interactúas con tus seres queridos, amigos y familia, como cuando trabajas en una empresa u organización.

Pasemos a una analogía. Pongamos que estás al mando de un barco (si los barcos no son lo tuyo, piensa en una nave espacial como la *Enterprise*). Como capitán, tienes que decidir si serás el gruñón, que grita dando órdenes a diestra y siniestra, o el capitán amable y accesible que escucha, ofrece apoyo, demuestra respeto e inspira. ¿Qué tripulación crees que trabajará (o, en términos espaciales, se propulsará) más duro para ti? Exacto. La segunda.

Como ya sabemos, liderar con amabilidad no significa ser un blandengue o un pelele. A veces, el liderazgo requiere tomar decisiones difíciles. A veces, tienes que pedir cosas que quizás nadie quiera hacer o con las que no concuerdes. Pero cuando comunicas con empatía, escuchas, eres honesto, tratas a los demás con respeto y les pides que trabajen contigo, eso es ser amable.

Aquí tienes algunos consejos para liderar con amabilidad:

1. Escucha activamente

La amabilidad comienza escuchando con atención. No solo con un «ajá» mientras revisas tu teléfono o lees correos electrónicos. Me refiero a escuchar de verdad: entender el mensaje subyacente, empatizar y responder.

2. Da las gracias

Dar las gracias parece básico, pero te sorprendería saber cuánta gente lo olvida. Un simple «gracias» puede ser oro y ayudar a alguien a sentir que lo que hace importa. Todos necesitamos escucharlo de vez en cuando. «Gracias» puede cambiarle el día a una persona.

3. Sé constructivo, no destructivo

La retroalimentación es importante, pero existe una gran diferencia entre «Esto no está funcionando» y «¡Me encanta hacia dónde estás yendo! ¿Quizás podemos ajustar un poco esta parte?».

4. Puerta abierta, corazón abierto

Una política de puertas abiertas es genial, pero tener un corazón abierto también es fundamental. Haz que tu equipo o las personas que dependen de ti sientan que pueden acudir a ti por cualquier motivo, en cualquier momento. En su día, mi director de doctorado adoptó este enfoque y marcó una gran diferencia. Fomentó la creatividad y, como resultado, nuestro laboratorio logró algunos descubrimientos increíbles.

5. Pequeños gestos, gran impacto

Recuerda los cumpleaños. Pregúntale a alguien cómo está cuando no se siente bien. Celebra los logros, por pequeños que sean. Estos gestos importan.

6. Sé genuino

La gente puede detectar la falsa amabilidad a un kilómetro de distancia. Si vas a ser amable, hazlo de verdad. ¡Recuerda la paradoja de la naturaleza!

7. Fomenta el crecimiento

Significa crear oportunidades, entender los errores como curvas de aprendizaje y ofrecer recursos para que el equipo prospere.

8. La amabilidad es contagiosa

Al liderar con amabilidad, también estableces un tono que se propaga a través del equipo, el área o la empresa. Antes de que te des cuenta, ¡toda tu tripulación (o nave espacial) estará esparciendo amabilidad como confeti!

9. Sé vulnerable

Por último, no siempre debes actuar como si tuvieras todas las respuestas. Dilo cuando no sea así. Admite que estás tratando de ser un líder amable y pídele a tu equipo que sea paciente contigo. Ser honesto y vulnerable desarma a las personas. En lugar de aprovecharse, la mayoría querrá trabajar contigo todavía más, porque eso también les permite ser ellos mismos.

Una cosa más: la amabilidad no es solo un estilo de liderazgo, es una forma de vida. Como capitán de tu barco, navega hacia un mundo donde la amabilidad no sea solo un acto, sino un hábito. ¡Buen viaje! (¡O buena propulsión por el cosmos!)

Algunas formas en que una compañía puede ser amable

Quizás te preguntes si es posible integrar la amabilidad en el núcleo de una empresa, institución, hogar o comunidad… Recuerda, la amabilidad sigue siendo ella misma; solo cambia el contexto. Es buena para la salud de todos, promueve un ambiente positivo y también puede mejorar la satisfacción de los clientes (ya que quienes interactúan contigo lo disfrutarán), la retención de empleados (las personas en tu equipo, círculo o comunidad querrán quedarse) y el éxito organizacional en general. ¡Viva la amabilidad!

Pero ¿cómo la introducimos en una compañía u otra organización en términos prácticos? Algunas de las siguientes sugerencias podrían encajar a la perfección en tu lugar de trabajo, pero quizás otras no. Algunas hasta podrían inspirar ideas más creativas. Como sabemos, las políticas de talla única no siempre funcionan. Cada líder, equipo, departamento o grupo tendrá diferentes limitaciones y contextos con los que trabajar. Tomar la decisión general de trabajar con amabilidad es lo correcto, pero será distinta en cada equipo, departamento o sección de una empresa o comunidad.

En primer lugar, los líderes deben liderar. Seguro que has escuchado la expresión «liderar con el ejemplo», es decir, el liderazgo marca el tono. Si los jefes adoptan un abordaje amable, todos los demás querrán unirse a la fiesta.

Promueve iniciativas de amabilidad. Crea un comité o grupo de trabajo, como si fuera un escuadrón de amabilidad, que se mantenga atento a formas de inyectar algo de ella y buenas energías en el lugar de trabajo o club. ¡Quizás hasta puedes organizar talleres divertidos! Piénsalo como un campamento de entrenamiento. Profundiza en temas como la empatía, las habilidades comunicativas y modos de mantener la calma.

Identifica la amabilidad donde ya existe. Implementa un sistema pare reconocer a empleados u otras personas que dan un paso más allá siendo amables, ya sea a través de nominaciones de sus compañeros o comentarios de los clientes.

Sé amable con tu equipo. Quizás puedas implementar horarios de trabajo flexibles. Seamos honestos, todos necesitamos un día en pijama de vez en cuando. En ocasiones puede ser terapéutico trabajar desde el sofá. ¿Por qué no ir un poco más lejos y ofrecer días por salud mental? Se podría otorgar una cantidad asignada para hacer lo que crean que contribuya a su salud. Y tal vez hasta ofrecer algún tipo de sistema de «te apoyamos» que brinde asesoramiento y recursos para empleados que están lidiando con problemas personales. Seamos sinceros, la vida es una montaña rusa y, aunque un miembro del equipo se presente todos los días, podría estar pasando por un capítulo difícil de su vida. Así que hazle saber a tu equipo: «Estamos juntos en esto».

Mientras estés en el trabajo, fomenta descansos regulares y proporciona un lugar donde los empleados puedan distenderse. Una zona de relajación sería épico. Quizás unos pufs cómodos y música tranquila no sean del gusto de todas las compañías, pero de ser funcional, podrían ser un remedio.

Prueba con los martes de *mindfulness*, los viernes de amabilidad (no hay un día de la semana que comience con «a», pero los viernes son geniales. ¡Viva los viernes!), o incluso los lunes de yoga. Estas prácticas pueden ayudar a que las personas respondan de maneras más amables en situaciones de estrés.

Tal vez los empleados quieran sentir que su trabajo hace algo bueno por la comunidad. Arma un equipo para realizar un día con la comunidad, como limpiar un parque o pintar una escuela. Como si fuera un retiro para fortalecer el equipo, pero con más corazón. Involucrarse con la comunidad contribuye a forjar un propósito y difunde la amabilidad más allá de los confines del negocio.

No olvidemos la diversidad y la inclusión. Haz hincapié en la importancia de entender y respetar las diferencias. Todos somos únicos, así que haz que todos se sientan bienvenidos. ¡Cuantos más sean, mejor!

Podrías ofrecer tutorías en las que los novatos hagan parejas con los veteranos para ayudarlos en los primeros días. Esto contribuye a crear un sentido de pertenencia y facilita la transición hacia la cultura empresarial, como un hermano o hermana mayor, o como amigos de la escuela secundaria, pero sin la fase incómoda de la adolescencia.

Cuando se trata de cosas más grandes, asegúrate de que los cambios (en especial aquellos que afectan directamente a los empleados u otros miembros del grupo) se comuniquen de manera transparente. Esto muestra respeto y genera confianza. Se parece un poco a dar un paseo en un barco con fondo de vidrio, pero aplicado a las noticias de la empresa.

Por último, ¿cuándo fue la última vez que revisaste el libro de reglas? Las reglas con corazón molan. Tal vez sea hora de agregar una pizca de amabilidad ahí también. Revisa las políticas de la empresa y asegúrate de que reflejen valores de amabilidad y empatía. Por ejemplo, podría haber políticas para apoyar a los empleados que tienen problemas personales.

Además, recuerda que la amabilidad en los negocios no significa dejar que todos los demás te pasen por encima. Se trata de enfrentar los desafíos con un gran corazón, siendo realista y sabiendo que las buenas energías atraen buenos negocios. Implica abordar los desafíos con empatía, mantener la integridad y priorizar las relaciones. Al final, un negocio levantado sobre la amabilidad puede crear un valor duradero para las partes interesadas, la comunidad y el mundo en general.

El mundo es un lugar mucho más luminoso con una chispa de amabilidad. Así que hagamos que brille también en el trabajo.

¿Puedes ganar en los negocios mientras eres amable?

Se dice que los chicos buenos acaban los últimos. Se supone que a las personas amables y gentiles las superará el empresario agresivo. Supongo que la creencia es que, para ganar, necesitas ser despiadado, pero no pienso que eso sea cierto en absoluto.

Imagina por un momento la clase de colega con el que te encantaría trabajar: ¿sería alguien que toma atajos, habla a tus espaldas y pisotea a otros para avanzar? ¿O alguien que siempre está presente con una palabra amable, una mano amiga y un espíritu colaborativo? Lo más probable es que la mayoría elija a este último. Y si se incrementa tu propia influencia, ¿a quién recomendarías para un puesto más alto?

Ser amable no significa que seas débil, sino escuchar activamente, fomentar la colaboración y entablar relaciones. ¡No veo mucha debilidad ahí! Lo que sí veo es inteligencia y fuerza. La amabilidad puede allanar el camino para crear redes más robustas, dinámicas de equipo más fuertes y una cultura organizacional o comunitaria positiva.

Todo se disfruta más cuando hay gente amable alrededor, incluso el club local de Zumba, el fútbol sala y las noches de trivial o bingo. Juego en una liga local de tenis; todos queremos ganar, pero jugamos con justicia y nos divertimos con el corazón.

Fíjate en algunas de las empresas más exitosas de hoy en día. Detrás de las megacorporaciones y los productos innovadores, muchas se basan en valores de empatía, colaboración y compromiso comunitario. Cada vez más, la amabilidad está encontrando su camino hacia el corazón de las empresas, como un valor corporativo visible.

Cuando comenzó la pandemia, todos mis eventos de oratoria pública se cancelaron. Fue un duro golpe financiero y me preocupaba cómo me mantendría a flote. Luego se anunció que el tema de la Semana de Concienciación sobre la Salud Mental en Reino Unido sería la «amabilidad». De repente, durante aquella semana y las siguientes estuve hasta arriba de pedidos de charlas en línea para empresas, todas sobre ese mismo tema. Me sorprendió la cantidad de compañías interesadas en aprender sobre ella, sus beneficios para la salud y cómo funcionaría en sus entornos.

Muchos solo vemos la parte frontal de una empresa, como si mirásemos el escaparate de una tienda cuyos decoradores desconocemos. Pero en la actualidad, muchas organizaciones, clubes y comunidades trabajan de forma activa detrás de escena para forjar culturas de la amabilidad. Hoy en día, el consumidor moderno no solo compra un producto; compra la ética, la historia y la integridad de una marca. Eso es lo que buscamos. En un mundo donde la amabilidad avanza hacia el centro de la escena, buscamos hacer negocios con un grupo u organización que lleve la medalla de la amabilidad en la solapa.

Por otra parte, hoy los empleados buscan más que un salario. Quieren trabajar en compañías que no solo se preocupan por el balance contable, sino también por su gente y la comunidad en sentido amplio. Una empresa amable atrae talento, promueve la lealtad y sube la moral.

La amabilidad también fomenta la innovación. Cuando se sienten seguras, valoradas y respetadas, las personas compartirán ideas, asumirán riesgos y pensarán de manera innovadora. Un ambiente agresivo, por otro lado, suele conducir al miedo, a la reducción de la creatividad y al estancamiento.

Por supuesto, ser amable no significa dejar que otros te pasen por encima, como he señalado al principio del apartado. Quizás se necesite establecer límites, comunicarse con claridad y liderar con compasión. Significa entender que todos, incluido tú mismo, tenéis espacio para crecer y que hacerlo es más fácil en un entorno que os respalda.

Entonces, la próxima vez que escuches que «Los chicos buenos acaban los últimos», tómate un momento para repensarlo. En el mundo de los negocios, donde las relaciones son moneda corriente y la colaboración es la clave, la amabilidad podría ser tu as bajo la manga. Al final, no siempre gana la carrera el más rápido, ni el más fuerte la batalla, sino quienes conocen el poder de la conexión humana genuina.

Brindemos por las personas amables, porque tal vez, y solo tal vez, ya han ganado.

La amabilidad en la política

De acuerdo, estamos abordando la amabilidad en los negocios. Vamos a dar un paso más allá: ¿qué pasa con la amabilidad en la política? ¿Puede existir algo semejante?

Bueno, para comenzar, la política no trata solo de gobernar y obtener votos; ni tampoco involucra únicamente a líderes y partidos políticos. Todos navegamos en las aguas políticas, ya sea en la familia o en la oficina, por lo que aplican los mismos principios de amabilidad. Solo cambia el contexto.

Buena parte de la vida real implica negociar, hacer concesiones, expresar opiniones y apoyar las posiciones de otras personas. Al final del día, en cualquier nivel, la política tiene que ver con las personas. Y estas recuerdan la amabilidad. Entonces, si alguna vez te encuentras en una tormenta política, intenta ser el faro de la amabilidad y observa cómo ilumina, transformando el ambiente y el paisaje a tu alrededor. Hasta en los ámbitos más desafiantes, un gesto amable puede marcar una gran diferencia.

Da con la nota correcta

Una última cosa antes de pasar al siguiente capítulo: hablemos del tono de los correos electrónicos. ¿Con cuánta frecuencia se pierde el tono de un correo electrónico, de modo que una buena intención da una impresión brusca? En especial, cuando quien lo escribió no pretendía eso. Quizás tienes poco tiempo y se malinterpreta la respuesta de una oración, o el párrafo que le enviaste a Mike pidiéndole que organice una reunión con Donna se entiende como una exigencia. No tienes la ventaja de la sonrisa irresistible ni de los ojos amables de la vida real. Cuando estamos cara a cara, o incluso por teléfono o videollamada, es fácil notar la diferencia. Pero con las palabras de una pantalla, cualquier oración puede estar sujeta a interpretación. Pueden dejar al receptor dudando sobre si es apreciado o valorado.

Pero quizás sí puedes poner esa sonrisa amable en un correo electrónico para suavizar el tono. Tal vez pienses que un emoticono no es demasiado profesional. ¿Según quién? Añádelo de todos modos y tal vez marques tendencia. El jefe también es humano y puede que tenga hijos con juguetes coloridos tirados por el suelo de su sala de estar. Un toque de amarillo en un correo electrónico podría ser justo lo que necesita para darle un giro a un día gris.

¿Por qué ser profesional tendría que significar ser increíblemente serio y aterrador? Todos somos humanos y ser amables está en nuestra naturaleza. En ocasiones, los negocios son serios porque hay que hacer bien el trabajo, pero tal vez sea hora de que aprendamos a lograr los mismos resultados con un salpicón de amabilidad en el lienzo de la vida.

9

Dilemas sobre la amabilidad

Mark Twain dijo que la amabilidad es un lenguaje que los sordos pueden oír y los ciegos pueden ver. Es algo que trasciende fronteras, culturas y edades.

En su mayor parte, eso es totalmente cierto. Como sabemos, ser amable puede llevar una sonrisa al rostro de alguien más, hacer que el día sea más luminoso y hasta cambiar una vida. Sin embargo, por muy simple que suene la noción de «ser amable», en ocasiones el mundo nos presenta situaciones en las que no está del todo clara la opción más amable.

Estoy seguro de que todos hemos conocido un sinnúmero de oportunidades en las que no resultaba obvio cuál era la frase o acción «correcta». Ser amable con una persona podría ofender a otra por considerar que no lo eras con ella. Piensa en un padre enseñando disciplina a su hijo. Podría parecer que la opción «amable» inmediata es dejar que el niño haga lo que quiera, pero si eso significa dejar que toque una estufa caliente, la amabilidad inmediata puede acabar en dolor.

Algunas veces, la amabilidad puede verse como amar con dureza o establecer límites. Se parece a enseñar a alguien a pescar, en lugar de solo darle el pescado; porque lo primero le asegura alimento de por vida. El acto más amable depende de cómo lo miremos. Piensa lo que ocurre cuando un amigo tiene un comportamiento dañino. La opción fácil y «amable» podría ser evitar la confrontación y dejar que continúe, deseando que en algún momento se detenga. Sin embargo, el verdadero acto de amabilidad quizás sea

163

tener una conversación difícil que podría poner en riesgo la amistad pero salvar al amigo.

Rara vez existe una respuesta que le cabe a todas las situaciones en las que aparece la amabilidad. El mundo está lleno de asuntos complejos y, a veces, lo que parece amable para ti puede no ser lo mejor para la persona o situación en cuestión. Hay momentos en que, en potencia, ser honesto podría herir los sentimientos de alguien más, dañar una autoestima frágil o afectar la salud mental de una persona. Y, otras veces, lo que parece duro podría ser lo más amable a largo plazo.

El truco es abordar las situaciones con empatía, comprensión y paciencia. Pregúntate a ti mismo: «¿Estoy actuando con amor, preocupación y cuidado genuino?». Si la respuesta es afirmativa, incluso cuando el camino no sea claro, tus intenciones estarán en el lugar correcto. Y, en sí misma, esta es una forma de amabilidad.

Las formas de amabilidad pueden ser tan diversas y multifacéticas como las situaciones en las que nos encontramos. Me he dado cuenta de que, si intentamos mantener el corazón abierto en la situación, la clase de amabilidad adecuada al final encuentra su camino. Para celebrar los múltiples colores, tonos y notas de la amabilidad, aquí comparto una serie de preguntas desafiantes sobre cuándo y cómo ser amable, además de otros dilemas que en ocasiones pueden darnos dolor de cabeza.

1. ¿Se puede ser «demasiado amable»?

Todos lo hemos escuchado: «La amabilidad es genial», «La amabilidad está de moda» y «La amabilidad mola». Es muy cierto, es decir, ¿quién no quiere a un alma amable? Pero esta es la pregunta complicada: ¿Se puede ser demasiado amable?

He conocido a muchas personas a quienes les han dicho que sí. Por lo general, el contexto es que un amigo les advierte que no se dejen pasar por encima. Sin embargo, no resulta claro por completo, ya que depende de la persona y la situación. Algunos esparcen amabilidad con libertad y jamás piensan en ninguna aparente desventaja.

Es algo que forma parte de ellos. Simplemente, es su naturaleza y no se dejan arrastrar a debates. Para ellos, la amabilidad es como el confeti, y lo esparcen con libertad.

Una vieja amiga tiene un espíritu muy ligero y amable. Una vez, me contó que se opone a que la falta de amabilidad de los demás cambie quién es ella. Algunos la llaman «ingenua» y ella los considera cínicos. Confía en que, con el tiempo, su espíritu atraiga solo a quienes la aprecien por lo que es. Sabe que hay personas que se aprovechan de su buen carácter, pero dice que, por lo general, se da cuenta de ello (y que ha aprendido que, en ocasiones, debe marcar límites). Después de todo, aprendemos de la experiencia. Pero no debemos dejar que el comportamiento ajeno nos cambie. Personalmente, creo que el mundo sería mejor con más personas como mi amiga. Su amabilidad es incondicional. Es cálida y genuina.

Sí, a veces podemos dejarnos arrastrar por las necesidades de otras personas en exceso, pero se trata de aprender a reconocer cuándo necesitamos practicar el hecho de ser amables con nosotros mismos y decir que no. Representa una habilidad: encontrar un término medio, ya que es posible ayudar demasiado. Hace algunos años, otro amigo se endeudó después de ayudar financieramente a alguien repetidas veces.

Ese es otro motivo por el cual, en ocasiones, debes usar el confeti con un poco más de discreción. Tal vez siempre estás presente para un amigo, echándole una mano cada vez que lo necesita. Pero si siempre lo sujetas antes de que tropiece, es como evitar que un niño pequeño caiga en el proceso de aprender a caminar. A veces, tenemos que dejar que se enfrenten con algo de la música que están creando: les ayuda a encontrar su propio ritmo.

Entonces, ¿se puede ser demasiado amable? Sin duda, ser amable es enteramente correcto, pero existe una delgada línea entre ser un superhéroe y abarcar demasiado. Y esa línea se ubica en un lugar distinto para cada persona. Lo correcto para uno no tiene por qué ser correcto para otro. Se trata de encontrar el punto justo del que hablamos antes; por nuestra propia salud. ¡Sé increíble, sé amable, sé valiente, pero también asegúrate de cuidarte!

2. ¿Puede la amabilidad ser manipuladora?

Entendemos que la amabilidad puede ser tan reconfortante como una taza de chocolate caliente en una noche fría. Por lo general, pensamos que los gestos amables son la encarnación de intenciones puras, como ayudar a un vecino mayor, cuidar al gato de un amigo o decirle a alguien que le asoma la etiqueta de la parte trasera de la camisa. Pero he aquí la cuestión: en algunos casos, ¿puede la amabilidad tener una motivación ulterior?

Ahora bien, antes de que alguien se irrite, aclaremos: no estoy diciendo que la amabilidad sea engañosa o deshonesta de forma inherente, ni que tú, personalmente, siempre tengas una motivación oculta. Pero sé que algunos creen que siempre hay segundas intenciones, por eso incluyo la pregunta. Es decir, solemos beneficiarnos de los actos de amabilidad (en términos psicológicos y fisiológicos), porque, como sabemos, estamos programados para hacerlo; está en nuestro ADN, es la recompensa de la naturaleza por el buen comportamiento. La cuestión es que no significa que esa sea la razón por la que somos amables. Se puede ser amable porque te sientes movido a ayudar a alguien. En mi opinión, la mayoría de las intenciones amables son honestas.

Dicho esto, igual que un chef puede usar azúcar tanto para endulzar un pastel como para corregir un caldo demasiado salado, la amabilidad puede ser genuina y, en ocasiones…, bueno, algo estratégica. La experiencia y la intuición te enseñan a diferenciarlo. Aquí ofrezco algunas reflexiones al respecto.

Amabilidad genuina versus amabilidad con trampa

La amabilidad estratégica se produce cuando alguien hace un gesto amable con un objetivo en mente, además de la pura alegría de hacerlo. Se parece un poco a invertir: se espera un retorno. Por ejemplo, quizás conozcas a alguien que siempre está dispuesto a hacer un favor, pero que, de alguna manera, siempre tiene una segunda intención.

O tal vez tienes un compañero de trabajo que lleva un pastel todos los lunes, pero siempre termina mencionándolo con sutileza cuando se delegan tareas o durante el período de ascensos. Tal vez se lo merece, pero podría estar desviándolo de alguien que lo merece más... Por otro lado, tal vez ese compañero de trabajo quiere llevar pasteles porque es algo amable que hace de manera genuina. En ese caso, ¿debería contener su amabilidad por temor a que se malinterprete?

Mi experiencia me dice que, por lo general, puedes reconocerlo. Hay calidez en la amabilidad genuina. A menudo, es espontánea, desinteresada y no espera nada a cambio. Es esa persona que te ayuda a recoger tus papeles sin esperar un café de agradecimiento más tarde.

Hacerse camino en el mundo de la amabilidad

Cuando comienzas a preguntarte si cada gesto amable viene con una nota al pie, puede parecer un campo minado. Lo menciono porque todos nos encontramos en distintos entornos. Quizás algunos estemos rodeados de amabilidad genuina todo el tiempo, pero otros no. Con frecuencia, la intuición es el mayor recurso que tenemos para determinar la diferencia.

Con ciertas personas, podemos darnos cuenta de que solo están realizando una buena acción o, al menos, intentando ser más amables, así que no seamos tan duros. A aquellos que realizan actos amables claramente estratégicos, hay que tomarlos con pinzas. Registra la amabilidad, pero siempre atento a las segundas intenciones. Aprende a decir que no si crees que podría costarte a largo plazo, ya sea en términos de tiempo o hasta de cordura.

Este es el truco: dependiendo de cómo lo veamos, está bien ser tanto genuino como estratégico con nuestra amabilidad. Al fin y al cabo, todos tenemos objetivos y deseos, y no hay nada malo por naturaleza en alinear nuestras buenas acciones con esos objetivos. Sin embargo, es la transparencia y la sinceridad que hay detrás de esas acciones lo que más importa. Si siempre esperas algo a cambio por las buenas acciones, quizás estés entrando en el terreno de la manipulación.

La clave es ser amable y sentirlo de verdad. Hazlo en primer lugar. En el fondo, está bien saber que también podría ayudarte con tus objetivos, pero sé amable cuando se necesite porque es lo correcto. Deja que las cartas caigan donde sea; deja que los beneficios se produzcan por sí mismos.

La conclusión es que, si bien es verdad que la amabilidad puede ser honesta, no siempre es tan simple como parece. Aunque es cierto que puede utilizarse como una herramienta de manipulación, no olvidemos las innumerables ocasiones en las que solo es amor puro y desinteresado. No dejes que algunos comportamientos manipuladores te hagan pensar que todos se comportan así. Al igual que con muchas cosas en la vida, se trata de equilibrio y autenticidad.

Así que la próxima vez que alguien te ofrezca un café inesperado o te sujete la puerta más tiempo de lo habitual, tómate un momento para apreciar el gesto. Aunque, también, tal vez deberías mantenerte atento a los pasteles cuando llegue el período de ascensos.

3. ¿Está bien causar dolor si se hace por un bien mayor?

Para empezar, ¿cuántas veces hemos oído «¡Es por tu propio bien!», mientras soportamos algo desagradable? Tal vez, cuando tu amigo te arrastró a esa clase de ciclismo superintensa, o aquella vez en que tomaste esa medicina horrible. ¡Puaj! Pero ahora lo agradeces por estar más saludable o, ya sabes, por no haberte enfermado.

Luego está el concepto de «amar con dureza»; como la profesora que se niega a aceptar otra tarea atrasada porque quiere enseñarle a su alumno sobre la responsabilidad y la gestión del tiempo. O cuando los padres no le compran un nuevo móvil a su hijo adolescente después de romperlo por segunda vez, ya que quieren enseñarle que sea responsable. No se trata de ser cruel, sino de fomentar el crecimiento, la responsabilidad y la independencia.

En una mayor escala, en ocasiones las sociedades implementan políticas que pueden perjudicar a algunos porque se cree que beneficiarán a la mayoría. Por ejemplo, los impuestos. Nadie salta de alegría ante la idea de separarse del dinero ganado con esfuerzo, pero luego apreciamos las carreteras, las escuelas y los servicios públicos que estos financian. Y, a veces, las empresas tienen que hacer algunos despidos para continuar operando y que otros puedan seguir alimentando a sus hijos.

Pero espera un momento. Solo porque algo parece servir a un bien mayor no significa que sea aceptable en términos éticos. Debemos hacer unos cálculos morales. El «bien mayor» de una persona puede ser un «acto impensable» para otra. El contexto, según dicen, lo es todo. Depende de la situación. Entonces, aunque no hay una respuesta única que sirva para todos los casos, resulta esencial abordar este tipo de decisiones con compasión, reflexión y una generosa dosis de matices morales.

Lo que en realidad importa es la intención que hay detrás del dolor o la incomodidad y asegurarse de que realmente sea por un bien mayor. Porque, para ser honestos, a nadie le gusta el sufrimiento innecesario. Como dijo el tío Ben de *Spiderman* con sabiduría: «Un gran poder conlleva una gran responsabilidad». Cuando te encuentras en un lugar donde puedes causar dolor, incluso cuando es por un propósito mayor, resulta esencial manejar la situación con empatía, comprensión y una visión clara del objetivo a largo plazo. Aunque un poco de dolor temporal en ocasiones puede conducir a grandes cosas (como una mejor inmunidad o lecciones de vida), es vital asegurarse de que la balanza se incline hacia beneficios genuinos, en vez de solo a ventajas a corto plazo o intenciones equivocadas. Y siempre asegúrate de tener a mano una tirita que calme o un abrazo que reconforte.

Entonces, la próxima vez que tu amigo trate de arrastrarte a esa clase de ciclismo con el argumento del «bien mayor», puedes replicarle algunas consideraciones filosóficas. ¡Quién sabe, quizás te libres del día de piernas!

4. ¿La amabilidad debería ser indiscriminada?

Hace varios años, durante un viaje a Sudamérica, mis amigos y yo vimos que había varios niños pidiendo limosna en las calles o vendiendo pequeños artículos. Algunos tenían mutiladas sus extremidades. Estaba por darle dinero a una niña pequeña cuando mi amigo me dio un golpe en la mano. Había viajado mucho y era bastante sabio y cosmopolita, y me contó que hay bandas criminales que obligan a los niños a mendigar en las calles. Los turistas sienten pena y les dan dinero. Dijo que, cuanto más dinero se les da, más se incentiva a las bandas a continuar con la explotación.

Yo tenía un conflicto. No quería permitir esas bandas, pero tal vez era cierto que la niña estaba en la pobreza y necesitaba dinero para su familia… ¿Cómo saberlo? La respuesta es que, en la vida, no siempre podemos saber con certeza. Esto se aplica a muchas cosas, así como tampoco podemos saber por lo que alguien más está pasando.

En ese caso, ¿deberíamos esparcir nuestra amabilidad de forma indiscriminada, como confeti en una fiesta, o tendríamos que ser un poco más selectivos? Hay quienes sostienen que la amabilidad debería venir con discernimiento. Después de todo, en un mundo donde los recursos (incluidos los emocionales) son finitos, quizás deberíamos canalizar nuestra buena voluntad hacia aquellos que realmente la merecen: hacia quienes muestran gratitud o, tal vez, hacia quienes responden con amabilidad. Se parece un poco a invertir: no pondrías tu dinero en acciones que no generen retornos.

Por otro lado, tenemos el campamento de «amabilidad para todos». La amabilidad, según esta visión, no es una moneda de intercambio, sino una energía universal para compartir. Es como la luz del sol: no escoge dónde brillar; solo lo hace. Igual que la amiga sobre la que te he hablado antes, que no permitiría que un comportamiento poco amable de los demás cambie quién es ella.

La idea aquí es que el mero hecho de ser amables nos hace sentir mejor, sin importar la respuesta del receptor. Añade energía amable a la consciencia colectiva, similar a lo que sería añadir un muy necesario toque de color rosa en una aburrida nube gris. No se trata de que alguien nos «deba» dar las gracias o una sonrisa, sino de generar ondas de positividad en el universo. Es la intención lo que importa, el pensamiento que hay detrás del acto lo que cuenta.

Pero agreguemos algo de pragmatismo. A pesar de tener la mejor voluntad del mundo, es probable que sea imposible mostrarse amable con todas las personas todo el tiempo. Puedes encontrar algunas que intenten aprovecharse de tu amabilidad. O quizás solo cansarte. Es un berenjenal, de eso no hay duda. Por eso los límites son cruciales, incluso en el mundo de la amabilidad.

¿La conclusión? Se trata de una decisión personal. Tal vez te inclines más hacia la «amabilidad con discernimiento» algunos días, y busques «esparcirla por todos lados» otros. Lo importante es ser genuino en tu intención y fiel a ti mismo. Está bien proteger tu energía y paz, pero eso no significa necesariamente detener la decencia humana básica.

Al final, le di algo de dinero a la niña, para gran disgusto de mi amigo. Le di menos de lo que era mi intención en un primer momento, porque sentía que lo que decía podía ser un poco cierto; pero, de nuevo, también podía equivocarse. No quería privar a la niña de ayuda, así que le entregué el dinero con compasión y más tarde oré en silencio pidiendo «que la energía de mi regalo traiga un poco de luz al mundo», incluso si el resultado del acto en sí mismo era incierto.

Según mi modo de pensar, si la intención es genuina, sigues añadiendo amabilidad a la energía de todo lo que nos conecta.

5. ¿Cómo impactan las diferencias culturales en la percepción de la amabilidad?

En un sentido más amplio, me gustaría hablar sobre las percepciones culturales de la amabilidad. Es algo en lo que me he fijado un par de veces. Por ejemplo, si viajas, quizás le hayas sujetado la puerta a alguien en algún país y te hayan respondido con una sonrisa, mientras que hiciste lo mismo en otro lugar y recibiste una mirada desconcertada. ¡Bienvenido al encantador laberinto de entender la amabilidad a través de las distintas culturas!

Imagina esto: estás en Japón y ves a alguien peleándose con sus bolsas de la compra. Tu superhéroe interior te precipita a intervenir y echar una mano. ¡Pero espera! En Japón, llamar la atención o hacer que alguien se sienta en deuda contigo podría no ser visto de la manera que esperas. Ofrecer asistencia podría hacer que se avergonzara. ¡Ups!

Ahora bien, toma un avión virtual a Ucrania. Alguien te da una fuerte palmada en la espalda como gesto de felicitación. Si eres de una cultura donde el espacio personal es sagrado, podrías dar un salto. Pero en muchas partes de ese país, se trata de un gesto habitual de afecto entre amigos.

Ah, y ya que estamos, hagamos una parada en Oriente Medio. Allí, ofrecer a los invitados una taza de té o café es un gesto de respeto y rechazarla podría percibirse como descortés. Pero si vienes de una cultura donde «"no" significa "no"», rechazar una oferta es solo ser honesto sobre tus preferencias. Y luego está el arte de hacer regalos. Mientras que llegar con una botella de vino al visitar la casa de alguien es un gesto de cortesía habitual en Francia, en algunos países de mayoría musulmana, donde el alcohol está prohibido, sería dar un paso en falso.

Resulta curioso cómo el mismo gesto puede oscilar entre ser amable, neutro o incluso grosero dependiendo del lugar en el mundo donde estés. ¡Es como si cada cultura tuviera su propio saludo secreto donde el código cambiara de forma constante!

El truco para navegar estas aguas culturales es investigar un poco sobre la cultura antes de viajar. Sé observador, haz preguntas cuando tengas dudas y aproxímate con el corazón y la mente abiertos. Recuerda, cada uno lo hace lo mejor que puede basándose en lo que sabe. Y, oye, si todo lo demás falla, una sonrisa genuina es siempre universal. Si eres quien recibe las acciones de un viajero confundido, sé amable y confía en que es probable que su intención esté en el lugar correcto.

6. ¿Cómo equilibramos la amabilidad con la justicia?

Este es un pequeño dilema. Imagina que recibes invitados en casa y alguien derrama vino tinto en tu alfombra nueva. (Una vez lo derramé en el sofá de un amigo, pero pensé que usar la analogía de la alfombra podía ser menos doloroso). ¡Ups! Tu tetera interior comienza a hervir. Por un lado, hay una voz amable y delicada que susurra: «Está bien, ¡los accidentes suceden!». Por el otro, está la voz severa y autoritaria que exige a través de tu sonrisa forzada: «¡Esta alfombra costó una fortuna! ¡Ten más cuidado!».

De acuerdo, este escenario puede parecer algo trivial, pero pinta un cuadro más amplio sobre cómo lidiar con la amabilidad y la justicia en el día a día. Cuando alguien hace algo mal, en especial si es grave, ¿cómo decidimos entre poner la otra mejilla y levantar el martillo? Aquí te ofrezco algunas ideas:

Amabilidad: el enfoque del abrazo cálido

Ser amable con frecuencia significa dar una segunda oportunidad, entender la perspectiva del otro y ofrecer compasión, incluso cuando se ha cometido un error. Después de todo, los accidentes suceden, y nos sentiríamos fatal si se diera la vuelta a la tortilla. Se trata de hacer un esfuerzo consciente para poner las relaciones por encima de las pertenencias. Lo aprendí de niño, cuando por accidente un invitado dañó algo en casa.

El perdón puede ser terapéutico, incluso cuando sea mínimo. Aferrarse al resentimiento puede pesarnos tanto como una mochila llena de ladrillos. Seamos realistas, nadie es perfecto; ¿quién no ha deseado un poco de amabilidad después de meter la pata?

La justicia: el árbitro del juego limpio

Ahora bien, no olvidemos a nuestra amiga la justicia. Esta busca asegurar la equidad y la responsabilidad. Si todo el mundo fuera por ahí simplemente derramando vino sin consecuencias, tendríamos un mundo lleno de alfombras (y sofás) manchados y con bebedores de vino frustrados. La justicia dice: «Oye, has hecho un desastre, ¡al menos ayuda a limpiarlo!». No siempre se trata del castigo; a veces se trata de hacerse cargo.

Encontrar el equilibrio: ¿justicia amable o amabilidad justa?

Aquí es donde se complica. Cuando alguien comete un grave error, el riesgo puede ser mucho más alto que una alfombra arruinada. Entonces, perdonar y olvidar no siempre es tan sencillo. En ocasiones, el daño no se puede deshacer ni los recuerdos, borrar. Mostrar amabilidad con alguien que cometió un error puede restar la amabilidad necesaria para el perjudicado.

Tal vez la verdadera pregunta sea si podemos encontrar un punto medio, y si eso depende de las circunstancias. Quizás se trata de hacer que alguien se haga responsable mientras se ofrece empatía. Piensa en la «justicia restaurativa», donde el enfoque está en sanar y hacer las paces, en lugar de solo repartir castigos. O considera la antigua sabiduría de tratar a los demás como nos gustaría que nos trataran, lo cual combina amabilidad y equidad. Lo que hay que recordar es que las complejidades de la vida no suelen venir con respuestas claras, pero sin duda generan un buen tema de conversación para tu próxima cena (¡con o sin la persona que derramó el vino!).

Al final, equilibrar la amabilidad con la justicia es un viaje personal y no hay una respuesta única que se aplique a todo el mundo. Pero hay algo cierto: si podemos dominar ese equilibrio, estaremos un paso más cerca de organizar una cena donde todos se sientan seguros y amados. Y bien, ¿quién está listo para una copa de vino?

7. Ser amable versus cambiar el mundo: ¿en serio tenemos que elegir?

¡Ah, la amabilidad! Es como el cómodo cárdigan del comportamiento humano. Con frecuencia, desde pequeños nos enseñan: «Si no puedes decir algo agradable, no digas nada». Pero si siempre estamos abotonados dentro de nuestro «cárdigan de amabilidad», quizás perdamos de vista la perspectiva general… ¿Centrarse siempre en la amabilidad personal frena la lucha contra las injusticias sociales?

Te presento un escenario: estás en una reunión familiar y el tío Bob, una de tus personas favoritas, hace un comentario prejuicioso a la ligera. ¿Lo confrontas, lo cual es posible que cause un drama, o le pasas otra porción de pastel con una sonrisa, respaldando sus creencias dañinas de forma involuntaria?

Dejemos algo claro: la amabilidad personal no es el enemigo. Los pequeños actos de compasión hacen que la vida cotidiana sea más agradable y pueden crear efectos dominó de positividad. Sujetarle la puerta a alguien, pagar un café o simplemente escuchar son acciones que importan. Tejen una red de empatía y conexión en nuestras comunidades inmediatas.

Sin embargo, la clave está en no confundir amabilidad con complacencia. Si equiparamos «ser amable» con «no causar problemas», corremos el riesgo de convertirnos en observadores silenciosos de problemas sistémicos. Algunos problemas, como el racismo sistémico o la desigualdad de género, no se solucionan con un empujón educado; requieren una resistencia colectiva sostenida. Entonces, ¿dónde nos coloca esto? ¿Debemos despojarnos de nuestros cárdigan de amabilidad para lograr un cambio social?

No necesariamente. Una vez más, la magia está en nuestro viejo amigo el «equilibrio». Desafía los problemas sistémicos, pero recuerda que cada movimiento está compuesto por individuos. A veces, cuando se hace con paciencia, comprensión y compasión, cambiar un solo corazón puede influir en toda una comunidad.

Una solución para nuestro escenario anterior podría ser pasar el pastel, pero más tarde tener una conversación tranquila (y amable) con el tío Bob. Explícale el daño que genera su comentario y habla con él sobre cómo comunicarse mejor en el futuro. Es posible ser un ejemplo de amabilidad personal mientras se aboga por un cambio sistémico. La clave es no permitir que nuestro deseo de armonía inmediata supere la necesidad de justicia a largo plazo. Recuerda que, en realidad, un mundo amable también es uno justo.

8. ¿Qué hacer cuando alguien no es amable contigo?

Lo primero es lo primero: cuando alguien te critica, por lo general, dice más de esa persona que de ti. Todos tenemos nuestro equipaje y, a veces, la maleta se abre y la ropa se desparrama por todas partes, y ocurre que estás ahí cuando pasa. Así que intenta no tomártelo a pecho. No se trata de ti; es cosa suya.

En segundo lugar, recuerda que todas las personas tienen una historia. Quizás estén lidiando con un circo de problemas sobre los que no sabes nada. Tener esto en mente te ayuda a mantener la calma y ser compasivo, incluso cuando se están comportando mal.

Ahora bien, ¿puedes responder a la falta de amabilidad con amabilidad? Bueno, depende de la situación. Responder de manera amable no significa dejar que la gente te pase por encima; se trata de no echar más leña al fuego. Puedes mantener tu postura y aun así estar por encima de la situación. En ocasiones, algo de amabilidad puede cambiar toda la situación. ¡Quién sabe, quizás seas lo mejor de su día!

Si el ambiente no es demasiado difícil, trata de hablar. Escuchar e intentar entender el punto de vista de la otra persona puede funcionar de maravilla. Resulta sorprendente cómo un simple «entiendo de dónde vienes» puede hacer que bajen las defensas de alguien. Aquí la empatía es tu mejor amiga. Intenta ver el mundo a través de los ojos del otro, incluso cuando su comportamiento no sea el mejor. Comprender no significa estar de acuerdo, pero puede ayudarte a responder con un poco más de gentileza.

Ahora bien, una vez dicho esto, ser amable cuando alguien está siendo algo gruñón no significa que debas olvidarte de ser amable contigo mismo. Si es necesario, ¡establece límites! Como he dicho antes, no puedes servir de una taza vacía.

Aunque estoy a favor de primero intentar ser comprensivo, en ocasiones la mejor jugada es no jugar. Si estás lidiando con una situación sin salida o un comportamiento repetitivo de falta de amabilidad, podría ser el momento de retirarse con gracia. Es tu derecho. Guarda energía para las batallas que merecen la pena y personas que aprecian tu increíble amabilidad.

Al final del día, nunca sabes si tu respuesta a esa falta de amabilidad podría cambiar el comportamiento de una persona o causar un efecto dominó inesperado. Ya sabes lo que dicen sobre encarnar el cambio que deseas ver en el mundo; bueno, podría comenzar con cómo respondes a la falta de amabilidad. Tu bondad puede ser contagiosa e inspirar a otros a esparcir un poco de amor en su rincón del mundo.

9. ¿Cómo priorizamos los actos de amabilidad?

La cuestión de la amabilidad es: ¿dónde esparcimos el amor? Se trata de algo que muchos nos preguntamos. Tal vez tengas un corazón del tamaño de un globo aerostático, pero, a veces, tu bolsillo, tu energía y tu tiempo disponibles se parecen más al tamaño de un dedal. ¿Cómo manejas todo y decides dónde esparcir tu confeti de amabilidad?

Prioriza el círculo interno

Dado que nacemos con una jerarquía de reglas incorporada, es natural querer centrarnos primero en aquellos que están más cerca de nosotros. Piensa en tu energía como una onda sobre la superficie de un estanque y comienza por el centro, con tu familia inmediata, tus bebés de cuatro patas (mascotas) y los amigos más queridos. Después de todo, son con quienes verás películas un domingo perezoso o a quienes llamarás cuando te quedes atrapado bajo la lluvia sin paraguas (bueno, es probable que no llames a tu perro, pero entiendes lo que quiero decir).

Tirón de pasión

En ocasiones, sentimos atracción por causas o personas debido a nuestras propias experiencias. Si has sobrevivido a una enfermedad o has perdido a un miembro de la familia por esa causa, es más probable que dones o te ofrezcas como voluntario en ese ámbito. O quizás solo tengas una enorme debilidad por los perezosos bebé (¿quién no?). Ve a donde tu corazón te lleve. Y si un amigo está haciendo campaña por una causa diferente, sé honesto. Estoy seguro de que lo entenderá.

El método de «cuando surge la oportunidad»

La amabilidad no siempre necesita una cita previa. Se puede decir algo sobre los actos espontáneos, como asistir a un extraño con sus compras, ayudar a una madre a subir el carrito por la escalera o simplemente hacer un cumplido. Los momentos no planificados a veces pueden ser los más gratificantes. En lugar de desgastarnos, estos actos tienden a energizarnos, en especial cuando vemos lo que significan para las personas que ayudamos. Creo que el universo tiene una forma astuta de poner oportunidades que nos importan frente a nosotros y, a menudo, con el propósito de desarrollar nuestra experiencia de amabilidad.

Verificar la posibilidad

Antes de lanzarte de cabeza a cualquier acto de amabilidad, haz una rápida verificación interna. ¿Tienes tiempo? ¿Energía? ¿Fondos? Es noble querer ayudar, pero no a expensas de quemarte. Recuerda, no puedes servir de una taza vacía.

Pequeños actos, gran impacto

No subestimes el poder de los pequeños gestos. En ocasiones, una sonrisa, un mensaje de texto o una galleta casera pueden alegrarle el día a alguien. La amabilidad no tiene que ser grandiosa para ser impactante.

Al final, elegir dónde y cómo ser amable puede parecerse un poco a escoger tu sabor favorito en una heladería con cien opciones. Puede ser abrumador, pero la clave es esta: no hay elección incorrecta. Ya sea que optes por el clásico acto de amabilidad «vainilla» o la sorpresa de «unicornio con chispas», lo que cuenta es la intención y el amor que hay detrás. Así que sal, sé tú mismo y esparce amabilidad como si fuera purpurina… aunque, ya sabes, que sea biodegradable. También debemos ser amables con la Tierra.

10. ¿La amabilidad es una responsabilidad o una elección?

¿Alguna vez le has sujetado la puerta a alguien y te has preguntado: «¿Lo he hecho porque me apetecía o porque es lo esperable por la sociedad?». Bienvenido al antiguo debate: ¿la amabilidad es una responsabilidad o una elección?

Por un lado, tenemos al Equipo Responsabilidad. Este grupo cree que deberíamos ser amables porque es nuestro deber moral. A fin de cuentas, si todas las personas fueran groseras o indiferentes, el mundo se parecería a una reunión familiar interminable que ha salido mal. El Equipo Responsabilidad dice: «No se trata solo de sentirnos con una vaga sensación de calidez interior. Se trata de crear un mundo en el que todos queramos vivir».

Luego está el Equipo Elección. Sostienen que ser amable siempre debe provenir del corazón, en vez de por un sentido de obligación. Para ellos, la amabilidad sin un sentimiento genuino es como hacer un regalo práctico para un cumpleaños, pero no particularmente sentido. Dicen: «Si voy a ser amable, es porque quiero, no porque tenga que hacerlo».

Para que conste, algunas investigaciones sugieren que las personas obtienen más beneficios cuando eligen ser amables que cuando lo sienten como una obligación. Es probable que la naturaleza esté de acuerdo. Como sabemos, la paradoja de la naturaleza dice que necesitas quererlo para sentirlo, y que solo sintiéndolo obtienes los efectos positivos. Pero, por otro lado, quien recibe esa amabilidad se beneficia, sin importar si lo dices en serio o no.

Entonces, ¿dónde nos coloca esto? Quizás se trate de combinarlos. En ocasiones, nuestra brújula moral nos indica ser amables incluso cuando no nos apetece. Otras veces, nos mueve una generosidad espontánea y pura. Y algunas veces más, haces un acto de amabilidad porque sientes que es lo correcto, pero al mismo tiempo lo eliges al cien por cien.

Sea una responsabilidad, una elección o un poco de ambas, una cosa está clara: la amabilidad mueve el mundo. Tanto si la ofreces porque crees que es tu deber o solo porque te sientes generoso, yo creo que debes seguir esparciendo amor. ¡El mundo siempre lo necesita!

11. ¿Importa la intención que hay detrás de la amabilidad?

En 2005, autopubliqué mi primer libro, *Lo que cuenta es el pensamiento* (la traducción al español se publicó en 2011). Principalmente trata sobre la conexión mente-cuerpo, pero el título es algo que mi madre solía decir cuando era niño. Significa que no siempre importa lo que haces, sino la razón que hay detrás. La intención. Mientras que la paradoja de la naturaleza implica que la intención genuina importa si eres quien da, ¿importa de igual forma si eres quien recibe?

Imagina que estás teniendo uno de esos días «uf» y un desconocido te ofrece su asiento en un metro lleno; la mayoría lo agradecería. Ahora bien, imagina que el desconocido solo te lo ha ofrecido para impresionar a alguien con quien está. ¿Acaso el asiento sería menos cómodo o tu día menos luminoso?

Esta es la cuestión: a menudo, los actos de amabilidad acaban con buenos resultados, sin importar la intención que hay detrás. Una sonrisa cálida, un pequeño gesto o una acción considerada pueden cambiarle el día a alguien. A quien lo recibe no necesariamente le importa la intención del que lo hace, siempre y cuando se beneficie de la amabilidad.

Sin embargo, desde el punto de vista de quien da, la intención puede ser más compleja. Los actos de amabilidad con motivos ocultos pueden sumar puntos a corto plazo (oye, ¿quién no quiere quedar bien frente al que le gusta?), pero a largo plazo, la gente suele detectar la falta de sinceridad. Y luego está nuestra vieja amiga, la paradoja de la naturaleza que ya he mencionado antes. Si no lo dices en serio, no lo sentirás, así que nada de hormonas de la amabilidad para ti.

Dicho esto, también hay un lado positivo y conmovedor. Incluso si alguien comienza realizando actos amables por razones que no son puras, la retroalimentación positiva de hacerlo podría empujarlos al camino de la amabilidad genuina. Después de todo, cuando ves la diferencia que marcas en el día de alguien más, es difícil no volverse adicto a esas hormonas felices y a la sensación de bienestar.

En pocas palabras, no se puede negar que el resultado de la amabilidad es valioso. En cuanto a la intención pura… es el ingrediente secreto para crear conexiones perdurables de corazón a corazón.

12. ¿Importa la reciprocidad en la amabilidad?

Es probable que todos hayamos dado vueltas sobre el tema alguna vez: la reciprocidad en la amabilidad. Ya lo conoces, ese pequeño pensamiento que insiste en el fondo de nuestra mente cuando hacemos algo amable, preguntándonos: «Mmm, ¿devolverá el favor?».

Seamos honestos: sienta bien cuando alguien devuelve nuestra amabilidad. Tal vez sea un simple gesto de agradecimiento al sujetar una puerta, o quizás un amigo que te hace tu bizcocho preferido solo porque tú hiciste lo mismo la semana pasada. Esa reciprocidad puede ser una pequeña palmada en la espalda que susurra: «¡Lo has hecho bien y alguien se ha dado cuenta!». Pero aquí es donde la cosa se pone interesante: en realidad, ¿deberíamos esperar amabilidad a cambio?

Por un lado, vivimos en una sociedad donde «Me rascas la espalda y yo rasco la tuya» es una norma profundamente arraigada. Que haya cierto retorno de amabilidad puede ser un refuerzo, alentando más y más buenas acciones. Igual que cuando éramos niños: haces tus tareas y recibes la paga. El buen comportamiento tiene recompensa.

Sin embargo, si conectamos nuestros actos de amabilidad con resultados esperados, podríamos sentir cierta decepción. No todas las personas comprenderán la amabilidad del mismo modo, ni tampoco estarán en condiciones de devolverla de alguna forma. No sabemos qué otros temas están gestionando. Quizás tengan la intención de hacer algo a cambio, pero haya otras limitaciones y compromisos tomando el control.

Algunas de las formas más puras de amabilidad son los actos realizados lejos del foco de atención, sin espectadores ni libro de contabilidad que lleve el registro. Es esa donación anónima o cuando alguien limpia el vecindario en secreto. Es llevar a un amigo o familiar a donde necesite, sin importar la hora. Un amigo médico me contó que hay un paciente que, cada Navidad, decora un árbol fuera de la clínica y nadie ha descubierto todavía quién es. Cuando la amabilidad se da con libertad, sin las ataduras de las expectativas, se parece a un regalo que es en sí mismo una recompensa.

En el gran esquema de las cosas, se reduce a por qué somos amables desde un comienzo. Si es genuino y de corazón, que luego sea recíproco o no, no cambia el valor del acto. Pero si se hace con la esperanza de obtener algo a cambio, tal vez necesitemos revisar nuestras motivaciones y trabajar un poco en nosotros mismos.

Pero si nos encontramos en una de esas situaciones en las que parece que seguimos dando y dando, pero sin recibir jamás un agradecimiento… Bueno, eso hasta podría cansar a un santo. Aquí, la amabilidad propia podría gritar «¡Basta!»: sal de la situación, si puedes, o cambia tu responsabilidad en perpetuarla, en especial si te está haciendo sentir resentido.

Cuando se trata de amabilidad, la reciprocidad puede ser la guinda del pastel del bienestar. Pero la verdadera magia está en el acto de dar en sí mismo, sin ataduras. A veces, las mejores cosas de la vida son aquellas que se hacen solo por la alegría de hacerlo. El mundo se vuelve un poco más luminoso con cada acto de amabilidad, sea recíproco o no.

10

La amabilidad no siempre está bien definida

Hay un chiste que Billy Connolly, el comediante y actor escocés, contó una vez durante un espectáculo en vivo. Es sobre dos cineastas en el Serengueti que están filmando ñus. De pronto, uno de ellos ve un león acechándolos, listo para saltar. Ambos entran en pánico, seguros de que es su final. Entonces, uno de ellos se agacha, saca un par de zapatillas Nike de su mochila y se ata los cordones lo más rápido que puede. El otro le dice: «¿Qué estás haciendo? Nunca podrás correr más rápido que un león». Su amigo responde: «Pero sí puedo correr más rápido que tú...».

La vida no siempre es tan extrema, pero, en un sentido básico, hacemos esta elección con frecuencia, en contextos más leves: ayudarme a mí o a ti. Ser amable contigo o conmigo. A menudo hay una tercera vía: ayudarnos a ambos. La vida no es blanco o negro. Existe un arcoíris de colores entero en medio cuando nos detenemos y miramos con atención.

¿Has oído hablar alguna vez del problema del tranvía? Es uno de esos dilemas filosóficos clásicos que suenan como si hubiera salido directo de una película dramática. Te encuentras de pie junto a unos rieles de tranvía, relajándote, disfrutando del sol, cuando, de pronto, ves un tranvía descontrolado que se dirige hacia cinco personas que están atadas a los rieles. Impresionante, ¿verdad?

¡Pues eso no es todo! De repente, te das cuenta de que estás junto a una gran palanca y, si la accionas, el tranvía cambiará de riel. ¡Uf, se salvarán las cinco personas! Eres un héroe, puedes palmearte la espalda. Pero he aquí el problema: hay otra persona más atada en el otro riel. Accionar la palanca enviará el tranvía hacia esta.

Ahora tienes un dilema moral. ¿No haces nada y dejas que el tranvía elimine a las cinco personas, o accionas la palanca y eres la causa directa de una muerte?

Podrías pensar: «Bueno, seguro que salvar a cinco personas es la elección lógica». Pero muchas personas sienten un conflicto por causar un daño de forma activa para salvar a otros. Es un debate clásico sobre lo que se conoce como «utilitarismo» (el mayor bien para el mayor número) versus la ética deontológica (la idea de que algunas acciones son inherentemente correctas o incorrectas, sin importar los resultados).

Es como la famosa escena de *Star Trek*: la ira de Khan, donde Spock queda atrapado en una cámara llena de radiación que lo está matando. El Capitán Kirk quiere salvarlo, pero, si lo hace, pondrá en peligro muchas otras vidas. Spock dice: «La lógica dicta que las necesidades de muchos superan las necesidades de pocos». Utilitarismo.

Y de nuevo, ¿qué pasaría si las cinco personas que acabas de salvar fueran asesinos en masa, empeñados en matar a todo el mundo? Los habían puesto en las vías como un último recurso para proteger a los demás.

La elección correcta no siempre es obvia. No existe un libro de reglas sencillas que diga: haz esto todo el tiempo y serás feliz, los demás también, y todo será increíble y maravilloso en tu vida. Ah, y también te despertarás cada mañana con una sonrisa en la cara y te apetecerá salir de un salto de la cama. El sol también brillará. En ocasiones, debes tomar una decisión. A veces, acertarás; otras, no. Puedes ganar y, a veces, meter la pata. Bienvenido a la vida real.

No te preocupes si te encuentras en un dilema sobre el problema del tranvía. No es un examen final que debes aprobar para comprobar si has asimilado todo lo que has aprendido hasta ahora y graduarte como una persona amable. No hay una respuesta del todo correcta porque siempre depende del contexto.

Según han aprendido los estudiantes de psicología durante décadas, el problema del tranvía no consiste tanto en encontrar la respuesta «correcta» como en entender el contexto y nuestra propia brújula moral. Múltiples filósofos y psicólogos llevan estrujándose el cerebro y participando en acalorados debates sobre esto desde hace años.

En caso de que te lo preguntes, hay otras soluciones que acaban con que nadie muere. Quizás encuentres un mazo y puedas desactivar las vías para que nadie muera. Quizás puedas correr hacia el tranvía, subir a bordo y tirar de los frenos con rapidez. O alguien más podría intervenir y, entre los dos, evacuarlos a todos. O tal vez te sacrifiques tú mismo, echándote sobre las vías.

No es un problema si la aparente respuesta «correcta» no te abofetea la cara. Justo cuando piensas haberlo resuelto, ¡siempre hay otra vuelta o versión para considerar! Igual que en la vida.

Por lo menos es un tema práctico para conversar en una cena. La próxima vez que estés con amigos y quieras animar un poco las cosas, saca a relucir el problema del tranvía. ¡Te mantendrá ocupado durante horas!

Se trata del contexto

Juguemos un poco con la idea del contexto, porque lo que es «amable» en una situación, en otra podría parecer... bueno, no tan amable.

Toma el ejemplo de un niño que quiere caramelos. A sus ojos, un padre genial simplemente se los daría. Pero si este tiene en mente evitar bajones de azúcar y caries, podría negarse. No se trata tanto de ser malo como de cuidar al niño a largo plazo. Quizás sea cruel desde la perspectiva del niño, pero amable desde la del padre.

Y esa es la cuestión: nuestro punto de vista importa. El contexto moldea nuestras percepciones. Es la lente a través de la cual se magnifica la acción, se interpretan las intenciones y se crean los juicios.

La amabilidad no consiste solo en hacer lo que parece bueno en el momento; en ocasiones se relaciona con lo que de verdad es mejor para todos los involucrados a largo plazo. Como cuando un amigo te dice que tienes espinacas entre los dientes. Claro, es un poco incómodo, pero es más amable que dejarte andar así todo el día. La vida está llena de estos momentos extraños, donde lo que parece medio «bah» en realidad resulta ser muy considerado.

Mi consejo es que, la próxima vez que estés a punto de juzgar, recuerda mirar toda la historia. Nunca sabes por lo que alguien está pasando, y la verdadera amabilidad trata de hacer el bien, incluso cuando no parezca ni se sienta así de inmediato o cuando nadie esté mirando.

Es toda una cuestión de contexto. En una época de blancos y negros, y división, se vuelve imperioso entender los matices del color del medio (y requiere habilidad). La empatía es útil, es la moneda emocional que nos ayuda a entendernos y relacionarnos mejor entre nosotros. Entre los diversos contextos, existe un hilo común: la verdadera amabilidad siempre busca el bien mayor, incluso aunque no sea evidente en lo inmediato. A través de la amabilidad, como podría decir el autor y poeta Khalil Gibran, el corazón encuentra su mañana y se refresca.

Sencillamente, yo ruego por que, a medida que cada uno recorre el laberinto de la vida, estemos equipados con la sabiduría para discernir cada contexto y, con ello, la verdadera naturaleza de la amabilidad. Aunque pueda llevar diferentes máscaras, su esencia permanece inalterada: un deseo genuino por el bienestar de los demás.

Ética contextual

Las disyuntivas anteriores, en las que la respuesta no es evidente, caben dentro de lo que se conoce en sentido amplio como «ética contextual». Se asemeja a cuando te encuentras en una situación donde te preguntas: «¿Es esto lo correcto?» y alguien te responde con «Bueno, depende…», cuando lo único que quieres es una respuesta directa. ¡Bienvenido al mundo de la ética contextual (o situacional)! En pocas palabras, es la idea de que la decisión correcta puede cambiar dependiendo de la situación.

En *Los miserables*, Jean Valjean es encarcelado durante diecinueve años por robar una hogaza de pan (cinco años por el pan y el resto por intentos de fuga). Lo necesitaba con urgencia: el hijo de su hermana estaba terriblemente enfermo, a punto de morir. Se estaban muriendo de hambre. Fundó sus acciones en la idea de que el dueño de la tienda tenía pan en abundancia y era probable que no notara la falta de una hogaza. Sin embargo, el castigo se basó en el concepto de lo correcto o incorrecto en términos absolutos, sobre el cual se erigió un conjunto de leyes.

Casi todo se puede considerar desde un punto de vista diferente. No matarás. Respeta cualquier vida. Pero ¿qué sucede en el campo de batalla, cuando detener a un agresor podría salvar millones de vidas? En las discusiones académicas sobre la ética de la conciencia plena, algunos estudiosos han criticado su enseñanza en el ejército. Creen que traiciona la ética del budismo y el principio fundamental de no hacer daño.

Verás, aunque el *mindfulness* podría ayudar a los soldados a relajarse más, mejorar su concentración e incluso su salud mental (y sin duda tienen derecho a conocer esta práctica si es que puede ayudarlos), presupone que la concentración de un francotirador puede mejorar tanto con este ejercicio que disparará mejor y matará a alguien. He aquí la cuestión: la decisión que toma el francotirador al disparar es el resultado de sopesar diferentes contingencias. Podría dispararle a alguien, pero esa persona a su vez podría haber tratado de matar a miembros del propio bando del francotirador... Es un equilibrio complicado: sí, respeta cualquier vida, pero ¿salvar múltiples vidas no es algo a considerar también?

La vida está llena de berenjenales, aunque por lo general no se trata tanto de salvar o quitar vidas como de las cosas pequeñas, como a qué pariente irás a visitar en Navidad tras recibir invitaciones de toda tu familia, o a quién le darás un ascenso: al colega leal o al novato que es mucho mejor en el trabajo. Quieres ser amable con todo el mundo.

La ética contextual se parece a la vida real, solo que no vamos por ahí llamándola por ese nombre; todos pareceríamos académicos acartonados. Pero, a veces, la vida se parece a estar en un examen donde no podemos utilizar la calculadora. En ocasiones, cuando el contexto es claro y todo el mundo concuerda es sencillo, pero esto no ocurre siempre. En lugar de seguir un libro de reglas, la ética contextual dice: «Veamos lo que está sucediendo ahora mismo y decidamos qué es lo correcto o incorrecto de acuerdo con la situación».

Déjame ofrecerte otro ejemplo de *Star Trek*. ¡Soy un fanático! Seguro que ya lo has notado. Piensa en la «primera directriz». Es la primera regla y hace referencia a no interferir en el desarrollo de una cultura. Sin embargo, cada capitán la ha quebrado, porque a veces eso significa salvar vidas.

Lo genial del enfoque de la ética contextual es que es flexible. No se trata tanto de estrictos «hacer» y «no hacer», sino más bien de navegar por las áreas grises. Ahí es donde yace la diversión en la vida, pero tampoco significa que vale todo. Aunque la ética contextual puede ser flexible, resulta esencial tener una base sólida. Amabilidad, respeto, comprensión: estas son las raíces que nos guían. Sin estos cimientos, corremos el riesgo de que nos empujen hacia «todo está bien si la situación lo dice», lo cual no es tan genial.

La próxima vez que te enfrentes a una decisión difícil, recuerda: no siempre es blanco o negro. Profundiza, observa el contexto y busca tomar decisiones con un corazón y una mente llenos de amabilidad y comprensión.

Dos principios básicos para vivir en armonía en el planeta Tierra

En *Más allá de la religión. Ética para todo el mundo*, Su Santidad el Dalai Lama sugiere que hay dos principios básicos sobre los cuales podríamos forjar un conjunto universal de ética y reglas generales que trasciendan la religión, y que podemos comprender basándonos en nuestra experiencia común. Es como un manual básico que nos permita a todos navegar por la vida; una estrella polar para todos nosotros. Los principios son simples, profundos y universales:

1. La humanidad compartida y la búsqueda de la felicidad.
2. La interdependencia.

Arrojaré algo de luz sobre ambos.

La humanidad compartida y la búsqueda de la felicidad

Lo primero es lo primero: todos somos humanos. ¡Impactante, lo sé! A pesar de las múltiples formas en que expresamos esta característica (a través de la cultura, el idioma, la cocina, el baile y demás), en el fondo, todos compartimos una serie de metas comunes. Tanto si estás tomando un té en Inglaterra o bailando salsa en Colombia, es probable que lo estés haciendo en busca de felicidad, comodidad o dicha.

No importa de dónde vengas o qué idioma hables; esa cálida y vaga sensación de felicidad es universal. Reconocer esta emoción compartida significa entender que, en esencia, tanto la persona que está a tu lado como la que está en la otra punta del mundo desea lo mismo que tú: una vida buena y feliz.

La próxima vez que te cueste relacionarte con alguien, recuerda: en el fondo, esa persona está buscando la misma alegría y bienestar que tú, aunque no lo parezca en la superficie. Es algo hermoso de saber.

Nuestra hermosa red de interdependencia

Bien, pasemos a nuestra segunda gran idea: la interdependencia. No me refiero solo a que tu café matutino depende de un agricultor de otro continente (aunque eso es completamente válido). No, es aún más grande que eso.

Vivimos en un mundo donde todo está interconectado. El aire que respiras, la comida de tu plato o la tecnología que usas son el resultado de una danza colaborativa entre la naturaleza y el esfuerzo humano. Las decisiones que tomamos afectan a los demás, con frecuencia de modos que no podemos ver. A cambio, recibimos la influencia de un sinnúmero de hilos invisibles que nos conectan con personas, animales y el entorno.

Darse cuenta de nuestra interdependencia significa entender que, cuando ayudamos a los demás, nos ayudamos a nosotros mismos. Y, cuando dañamos a los demás, eso también podría perjudicarnos. Implica darse cuenta de que las acciones tienen consecuencias mucho más amplias de lo que esperamos en un principio.

En resumen, si podemos aferrarnos a estas dos ideas básicas (la búsqueda compartida de felicidad y nuestra interdependencia), estaremos bien encaminados para tener hogares, vecindarios, comunidades y (venga, seamos ambiciosos) un mundo más feliz y amable.

Festejemos nuestras similitudes, celebremos nuestras diferencias y recordemos siempre: ¡estamos juntos en esto! A pesar de las apariencias, de lo que la gente dice, del lenguaje que usa y de la imagen que intenta proyectar, todos compartimos las mismas luchas básicas. Estas se presentan sencillamente en distintas formas, con distintos aspectos y jugadores en cada partido. Pero es la misma obra, la misma danza. Se trata de la vida y de ser humano.

No importa a quién conozcas o con quién interactúes (rico o pobre, de clase media o sin techo, negro, blanco, marrón, alto, bajo, bien vestido o andrajoso), esa persona es un ser humano como tú y, a pesar de las apariencias, busca las mismas cosas fundamentales. Ser feliz. Estar en paz. Evitar el dolor y el sufrimiento.

Las cosas que parecen estar entre nosotros y dividirnos son más superficiales de lo que percibimos. Donde hay diferencias, celebrémoslas. Las cosas que compartimos, por otro lado, son innatas. Por ejemplo, una madre tiene un instinto maternal innato. Es lo que la impulsa a dejar de lado su propio dolor o incomodidad, y con frecuencia el cansancio, mientras acuna a su hijo para que se duerma en mitad de la noche. No tiene nada que ver con cuántos exámenes aprobó ni cuánto dinero tiene, la ropa que usa o, incluso, con lo que conoce sobre los beneficios de ser amable. Es la naturaleza profunda de casi todas las madres en nuestro planeta.

El amor, la empatía, la compasión y la amabilidad son inherentes a todos nosotros. Nos une este espíritu compartido. Son valores que trascienden todas las religiones y tradiciones espirituales. Las religiones los enseñan, pero no son valores religiosos. Son valores humanos, que podemos cultivar. Podemos tomar los sentimientos que tenemos por naturaleza hacia aquellos que nos son más cercanos y aprender a extenderlos más allá.

No tiene por qué haber un «ellos» o un «nosotros». Dejemos que haya solo un «nosotros».

Un conjunto universal de «normables»

Dado lo que he mencionado sobre el contexto, en vez de tener un conjunto rígido de reglas para ayudarnos a recorrer los regalos de la vida, intentemos crear un conjunto de normas para vivir con amabilidad que nos ayuden a superar los altibajos. Vamos a llamarlos «normables». ¿Lo entiendes? Normas amables. Normas para vivir con amabilidad. Bueno, al menos dame el placer.

No se trata de seguir estas normables al pie de la letra. En cambio, podemos usarlas de referencia para verificar lo que hacemos de vez en cuando. Como el norte magnético de nuestro GPS interior. Quizás no concuerdes con todas, pero son un punto de partida. Aquí están:

1. Respeta cualquier vida

Trata a todos los seres vivos, desde los humanos hasta los animales, con respeto y amabilidad, reconociendo el valor intrínseco de cada vida y su derecho básico a existir. Ahora bien, sé que a algunas personas les gusta comer carne. Personalmente, yo no lo hago, y no voy a decirte qué deberías hacer. Son normables, no leyes. Pero propondría que intentemos ser lo más respetuosos posible con cualquier vida. Es por eso que antes he incluido la historia sobre no dañar ni a una mosca. No siempre es posible seguir esta normable. Solo lo podemos hacer lo mejor posible. Pero, si apuntamos alto, quién sabe lo que podríamos lograr juntos.

2. Cultiva la empatía

Entiende que todas las personas tienen una historia. Quizás sea diferente de la tuya, pero en eso consiste ser humano; es parte del viaje. Nunca sabes por lo que alguien está pasando, así que es mejor pecar de amable. La mayoría lo está haciendo lo mejor posible dado el conocimiento que tiene y sus experiencias e influencias. Ponte en la piel de los demás e intenta entender sus sentimientos, perspectivas y necesidades. Deja que la empatía sea el combustible para tus acciones y decisiones.

3. Colabora

Cuida de las personas. Actúa cuando puedas ayudar. Comparte conocimiento y tiempo con los demás. Haz donaciones a una organización benéfica si te es posible. Colabora con los menos afortunados para aliviar su sufrimiento y promover su bienestar.

4. Promueve la honestidad y la integridad

Sé honesto en todos tus tratos. No mientas y no difundas chismes o rumores. Nunca sabes por lo que alguien está pasando, ni el contexto en el que vive, ni tampoco puedes predecir las consecuencias de esos chismes o rumores. Si no tienes nada agradable que decir, no digas nada. Haz lo que creas correcto. Deja que tu brújula moral guíe tus decisiones y acciones. Difunde información precisa y fomenta discusiones abiertas y respetuosas.

5. Fomenta la unidad y la inclusión

Celebra la diversidad de experiencias humanas, culturas y orientaciones sexuales. Incluye en lugar de excluir. Deja que tus palabras y acciones unan en lugar de dividir, de manera que contribuyas acortando algunas de las brechas que nos separan, a una escala que te resulte relevante (ya sea en tu hogar, vecindario, lugar de trabajo, país o globalmente). Elige la comprensión y la colaboración por encima de la hostilidad.

6. Cuida del medio ambiente

Reconoce que la Tierra es el hogar que compartimos. En la medida de lo posible, adopta prácticas sostenibles, reduce los residuos y apoya iniciativas que protejan el planeta y el clima para las generaciones futuras. No se trata solo de nuestras vidas hoy en día ni de nuestras comodidades habituales, sino de nuestros hijos y los hijos de nuestros hijos. Comportémonos de forma que podamos brindarles un entorno limpio en el que puedan desarrollar sus propias vidas y familias.

7. Continúa aprendiendo

Mantén la curiosidad, la mente abierta y la predisposición a aprender de los demás y sobre los demás. Esto ayuda a profundizar nuestras relaciones e interconexión. El crecimiento y el cambio son partes naturales y esenciales de la experiencia humana. Trata de abrazarlos. Ve el aprendizaje como algo que te enriquece, en vez de algo que tienes que hacer.

8. Prioriza tu bienestar

Reconoce tus propias necesidades y asegúrate de que tus acciones promuevan tu bienestar físico, mental y emocional. Si te cuidas, tendrás una mejor capacidad para trabajar en las demás normables.

9. Practica la gratitud

Agradece incluso las pequeñas bendiciones de la vida. La gratitud es como una linterna de buen humor en nuestra mente, que destaca todas las cosas buenas que podríamos pasar por alto en nuestra ajetreada vida. Es un cariñoso saludo con las personas que han desempeñado un papel importante en nuestra vida. También se expande: cuanto más te concentras en aquello por lo que estás agradecido, más motivos encontrarás para hacerlo. De esta manera, se crea y desarrolla la felicidad.

10. Sé solidario

Levanta el ánimo de los demás. No critiques. El mundo necesita gente que lo haga. Encuentra lo mejor de los otros y ayudarás a sacar lo mejor de ellos. Acuérdate del bien que hay en las personas, incluso cuando están en su peor momento. Celebra sus fortalezas en lugar de criticar sus debilidades. Defiende a quienes son acosados o infravalorados.

11. Sé justo

No te aproveches de las personas a sabiendas. Haz tu mejor esfuerzo para asegurarte de hablar y comportarte de manera justa. Si conoces a alguien a quien están tratando de manera injusta, haz lo que puedas para defenderlo. Por supuesto, cada persona tiene distintas ideas sobre lo que es justo, de acuerdo con sus creencias. Pero deja que te guíe la calidez genuina del corazón humano.

12. Sé respetuoso

Sé respetuoso con las creencias de los demás, su orientación sexual, su cultura. Respeta la propiedad ajena. Escucha. Ofrece tu completa atención. Sé educado. Evita utilizar lenguaje despectivo o peyorativo. Respeta la privacidad, el espacio personal y los límites de los demás. El consentimiento es clave en cualquier interacción. Sé puntual. Muestra respeto por los horarios y compromisos de la gente. Reconoce tus errores y pide disculpas sinceras cuando puedas.

Ahí lo tienes. Recuerda que estos son consejos, no reglas. Son normables. Estoy decidido a que esa palabra también se empiece a usar. (Otra vez os hablo a vosotros, editores de diccionarios). Están destinadas a inspirar y guiar la acción, en lugar de dictar el comportamiento. Se trata de darnos una dirección a seguir que podría volvernos más felices, hacer más felices a los demás y ayudarnos a todos a pintar un mundo más colorido, vibrante, pacífico, feliz y acogedor.

No poder seguirlas no es un fracaso. Tampoco necesitas hacerlo en orden; por ejemplo, no hay necesidad de dominar el respeto de cualquier vida antes de empezar a esparcir algo de empatía. Piensa en ellas como un conjunto holístico de normables: cada una se relaciona de alguna manera con las demás y ayuda a mejorarlas.

El efecto dominó

No puedo terminar el libro sin decir algo sobre el efecto dominó. Todos esos pequeños y bondadosos gestos de amabilidad que has estado esparciendo son como piedras lanzadas en un estanque: generan ondas. Y, al otro lado del estanque, los lirios suben y bajan. En la vida, esos lirios son las sonrisas de los demás. Con mayor frecuencia de lo que piensas, quienes se benefician del efecto dominó son personas que nunca has conocido ni nunca conocerás.

Eso se debe a que la amabilidad se extiende hasta lo que los científicos llaman «tres grados de separación». Lo ilustraré con un ejemplo. Una estimación del número R de la amabilidad (ya lo sabes, el número de reproducción con el que estamos tan familiarizados hoy en día) está en algún punto entre tres y cinco. Varía. Depende de dónde vivas, cuántas personas conozcas y otras cosas.

Usemos cinco para nuestro ejemplo. Supongamos que hoy haces algo amable por alguien. Ahora bien, dada la forma en que has hecho sentir a esa persona, es probable que sea amable o más amable con cinco personas en el transcurso de los próximos dos días. Eso es lo que significa R=5. Esas cinco personas están a un grado de separación de ti.

Creo que ves por dónde voy: es probable que cada una de esas cinco personas sea amable o más amable con otras cinco personas. Esas veinticinco personas están a dos grados de separación de ti.

¿Hasta dónde llega la amabilidad? Eso es, tres grados de separación. Solo compruebo que estás prestando atención.

Es probable que cada uno de esos veinticinco sea amable o más amable con otros cinco. Así que ahí lo tienes: 125 personas beneficiándose de un solo gesto amable que tú has hecho. Si la vida fuera un estanque, serían 125 lirios elevándose. No es de extrañar que se digan cosas como #laAmabilidadEsGenial y #laAmabilidadEstáDeModa.

Por supuesto, estos números no son exactos, solo estimaciones aproximadas. En ocasiones son cinco; a veces, más y otras, menos. Pero la cosa es que la amabilidad se extiende como una «cadena de favores» cósmica de la que todos los seres humanos participan sin darse cuenta.

No todos tenemos que hacer grandes cosas para cambiar el mundo. ¡Las pequeñas también importan, y mucho! Generan ondas todos los días. Si alguna vez te preguntas si marcas la diferencia desde tu pequeño rincón del universo, te digo que sí. ¡A lo grande!

Ve con amabilidad

A medida que llegamos al final de nuestro viaje juntos, quiero dejarte con un pensamiento sencillo pero importante: la amabilidad es el hilo dorado que teje nuestras vidas en un acogedor tapiz de luz y calidez. Es la mano atenta sobre el hombro, la sonrisa compartida con un extraño y los pequeños actos que dicen: «Te veo y eres importante».

Sé amable a conciencia. Amable a propósito. Sé plenamente consciente de tu amabilidad. Si meditas, hazlo con el corazón. Este es el toque amistoso de la conciencia plena: el *mindfulness* nos pide que escuchemos. La amabilidad consciente añade: «Y cuidemos».

En la vida, el *kindfulness* significa hacer pequeñas cosas con un gran corazón y hacerlas con intención, como hacer un cumplido genuino, sujetar una puerta, dar unas gracias sinceras, echarle una mano a alguien que está pasando por un momento difícil o simplemente comprobar cómo están los demás.

Es una mentalidad: la elección consciente de esparcir luz en un mundo que en ocasiones parece nublado. Es entender que cada uno es una vela capaz de iluminar los rincones oscuros del día de alguien más. Y recuerda, cuando enciendes la vela de otro, no disminuye tu propia luz; hace el mundo mucho más luminoso.

La amabilidad es una rebelión contra el cinismo, un baile bajo la lluvia de desafíos que ofrece la vida, la música que llena el silencio entre nosotros, creando una armonía que resuena en los corazones de todos aquellos con los que nos cruzamos. Al separarnos en este libro, pero no en espíritu, te aliento a llevar contigo esta esencia amable.

Permite que sea tu brújula y te guíe hacia grandes y pequeñas acciones que hagan que la vida no sea solo llevadera, sino hermosa. Sé la luz. No la esperes. Abraza la amabilidad y observa cómo transforma tu mundo, convirtiéndolo en un lugar más acogedor y maravilloso.

No te detengas. Genera ondas. Conviértete en un activista de la amabilidad. Quién sabe lo que podríamos lograr juntos en esta roca grande, hermosa y voladora que todos compartimos y llamamos «hogar».

Apéndice I
El desafío de los siete días
de amabilidad

Divirtámonos con la amabilidad. Puedes hacerlo solo, en familia, con un grupo de amigos o en equipo. El objetivo es hacer algo amable cada día durante siete días.

¿Suena demasiado fácil? De acuerdo, hagámoslo un poco más interesante. Hay tres pautas:

1. Tienes que hacer algo distinto cada día. Así que, si preparaste una taza de té para alguien el primer día, invitaste a un café a un amigo o donaste a una organización benéfica, puedes hacer lo mismo otro día, pero en este desafío, ese acto de amabilidad solo cuenta la primera vez. Deben ser siete cosas diferentes en siete días diferentes.

2. Sal de tu zona de confort al menos una vez. Con esto me refiero a que no solo hagas cosas fáciles como hacer una donación en línea o sujetar una puerta. Por supuesto, haz también esas cosas. Pero, para este desafío, trata de esforzarte por lo menos una vez. Por ejemplo, si hacer esta práctica te hace sentir algo cohibido, intenta algo que implique una interacción que te expanda aún más. Tal vez puedes dejar que la persona que hay detrás de ti en la fila pase primero, y ofrécelo con una sonrisa genuina. O hazle un cumplido sincero a alguien. O participa como voluntario en algún lugar nuevo.

3. Por lo menos uno de tus actos amables debe ser anónimo. Nadie debe saber lo que has hecho. Incluso cuando las personas sean conscientes de la amabilidad, no dejes que sepan que has sido tú.

Así que ahí lo tienes. Diviértete, esparce algunas energías amables, alégrale el día a alguien, saca algunas sonrisas y haz del mundo un lugar mejor. Ah, y si piensas que eres un verdadero activista de la amabilidad, puedes hacer más de siete actos en siete días. Tira la casa por la ventana e intenta mantenerlo durante veintiún días.

Apéndice II
Prácticas de meditación centradas en la amabilidad consciente

Te ofrezco un puñado de prácticas cortas de *kindfulness* que pueden ayudarte a generar un sentimiento diario constante de compasión y amabilidad.

Comienza cada con una de las siguientes prácticas de la misma manera: sentándote cómodamente y llevando tu atención al momento presente. Para hacerlo, concéntrate en tu respiración, porque la respiración siempre está en el presente. En su época, el Buda también sugería que te imaginaras sentándote a medio camino entre el cielo y la Tierra.

Inhala y exhala de forma relajada y permite que tu atención se centre en las sensaciones más preponderantes. Quizás sea el sonido de tu respiración, o la sensación del aire cuando pasa por tus fosas nasales, o el modo en que hace subir y bajar a tu abdomen, o que tu pecho suba y baje.

Haz esto durante un par de minutos, hasta que te sientas relajado. Luego, elige cualquiera de las siguientes prácticas y continúa respirando.

Compartimos el mismo aire

- Mientras respiras, percibe que el aire que inhalas y exhalas es el mismo que inhalan otros seres vivos y los alimenta. Mantén esta idea en tu mente durante unos minutos.

- Luego, piensa en que todos compartimos el acto de respirar como una forma de estar vivos. Date cuenta de que es una necesidad compartida por otros seres vivos.
- Reflexiona sobre esta observación durante unos minutos mientras respiras con calma.

Lo que nos une

- Mientras respiras de forma relajada, fíjate en el estado de calma y contento que lo acompaña. Reconoce que este mismo estado lo buscan todas las personas y todos los seres vivos. Es algo que nos une. Mantén esta idea en tu mente durante unos minutos, mientras respiras con calma y comodidad.
- Sé consciente de que, sin importar dónde vivamos, cuánto dinero tengamos, cuál sea nuestra orientación sexual o el color de nuestra piel, todos buscamos la misma felicidad y estar libres de sufrimiento. Mantén esta idea durante unos minutos mientras respiras con suavidad.
- Observa que el derecho de los demás a la felicidad es tan importante como el propio.
- Fíjate en qué pensamientos y sentimientos surgen mientras reflexionas sobre estas ideas.

Primera versión de metta

- Mientras respiras, coloca una o ambas manos sobre el área de tu corazón y recita mentalmente: «Que yo sea feliz, esté bien y a salvo. Y que esté en paz». Repítelo tres veces.
- Ahora piensa en alguien que te importe y di lo mismo acerca de esa persona, cambiando el «yo» por «tú». Y repítelo tres veces.
- Piensa en otra persona que te importe, o incluso en alguien que no conozcas muy bien. Es tu elección. Repite lo mismo tres veces para esta persona.

- Ahora piensa en alguien con quien no te lleves muy bien y repite lo mismo tres veces para esta persona.
- Luego, extiende tu círculo de buena voluntad y compasión hacia todos los seres vivos. Di: «Que todos los seres vivos, lejanos y cercanos, jóvenes y viejos, en todas las direcciones, sean felices y estén bien y a salvo. Que estén llenos de un espíritu de amorosa amabilidad. Y que estén en paz». Repítelo tres veces.
- Fíjate en qué pensamientos y sentimientos surgen mientras tienes estos pensamientos y sentimientos amables.

Como alternativa, puedes añadir a tantas personas como desees entre el inicio contigo mismo y el final con todos los seres vivos. Genera una práctica que dure tanto como desees.

Las palabras recitadas no tienen que ser estas. Existen muchas variantes que se pueden usar. Podrías disfrutar diciendo «Que estés seguro y protegido», «Que estés sano y fuerte» o «Que seas verdaderamente feliz».

Incluso puedes agregar buenos deseos. Al pensar en una persona en particular, puedes desearle algo que crees que apreciaría. O incluso desear que algo increíble suceda en su vida, como que reciba un golpe de suerte en las finanzas, que alguien le haga un cumplido sincero, que se enamore, que sepa lo que es ser amado o cualquier otra cosa amable que se te ocurra.

Segunda versión de metta

No todas las personas se sienten cómodas comenzando metta centrándose en sí mismos. Comenzar por nosotros mismos es la manera tradicional, pero si nos sentimos presionados, un simple acto de autocompasión es liberarnos de este requisito. Quizás, con el tiempo, a medida que aprendamos a amarnos más, empezar por nosotros mismos se vuelva más fácil.

La razón para hacerlo es reconocer que nuestra propia salud y felicidad también importan y que, cuando nos cuidamos, estamos en mejores condiciones para ayudar a los demás.

Si prefieres no empezar contigo mismo, entonces solo comienza con cualquier persona que elijas y continúa la práctica como se ha descrito. Si sientes que eres capaz, inclúyete a ti mismo cuando lo desees.

Tercera versión de metta

En esta versión, se imagina que las intenciones amables que deseas para los demás son recíprocas.

A medida que deseas felicidad, bienestar, seguridad, libertad del sufrimiento, fortaleza, amor o cualquier otro sentimiento que elijas para cada persona, imagina a su vez que esta también te desea lo mismo.

Por ejemplo, podrías imaginar que dicen: «Que tú también seas feliz, estés bien y a salvo, y que también estés en paz». Luego podrías imaginar una sonrisa genuina y una expresión de afecto en sus rostros mientras dicen estas palabras.

Recibe sus buenos sentimientos y deseos, y ofrece agradecimiento.

Reconoce que recibir su amabilidad es bueno y que te la mereces.

Notas

Capítulo 1: Amabilidad consciente

1. Para una síntesis sobre la historia de la conciencia plena en Occidente, ver: Kabat-Zinn, J. (2011), «Some reflections on the origins of MBSR, skillful means, and the trouble with maps», *Contemporary Buddhism* 12, n. 1, pp. 281-306.

2. *Ibid.*

3. Para un resumen de los estudios científicos que muestran los diversos beneficios de la conciencia plena, ver: Khoury, B. *et al.* (2013), «Mindfulness-based therapy: A comprehensive meta-analysis», *Clinical Psychology Review* 33, n. 6, pp. 763-771; Goyal, M. *et al.* (2014), «Meditation programs for psychological stress and well-being», *JAMA Internal Medicine* 174, n. 3, pp. 357-368; Garland, E.L. *et al.* (2020), «Mind-body therapies for opioid-treated pain», *JAMA Internal Medicine* 180, n. 1, pp. 91-105; Priddy, S.E. (2018), «Mindfulness meditation in the treatment of substance use disorders and preventing future relapse: neurocognitive mechanisms and clinical implications», *Substance Abuse and Rehabilitation* 9, pp. 103-114; Hölzel, B.K. *et al.* (2011), «Mindfulness practice leads to increases in regional brain gray matter density», *Psychiatry Research: Neuroimaging* 191, n. 1, pp. 36-43; Goldin, P. *et al.* (2009), «Mindfulness meditation training and self-referential processing in social anxiety disorder: Behavioral and neural effects», *Journal of Cognitive Psychotherapy* 23, n. 3, pp. 242-257.

Capítulo 2: Cómo la conciencia plena puede volverte egoísta

1. Para el estudio que incluyó a una niña utilizando la bota ortopédica, ver: Lim, D., Condon, P. y DeSteno, D. (2015), «Mindfulness and compassion: an examination of mechanism and scalability», *Plos ONE* 10, n. 2, e0118221.

2. Malin, Y. y Gumpel, T.P. (2022), «Short mindfulness meditation increases help-giving intention towards a stranger in distress», *Mindfulness* 13, pp. 2337-2346.

3. Brown, K.W. y Ryan, R.M. (2003), «The benefits of being present: Mindfulness and its role in psychological wellbeing», *Journal of Personality and Social Psychology* 84, pp. 822-448.

4. Ridderinkhoff, A. *et al.* (2017), «Does mindfulness meditation increase empathy?: An experiment», *Self Identity* 16, n. 3, pp. 251-269.

5. Poulin M.J. *et al.* (2021), «Minding your own business?: Mindfulness decreases prosocial behavior for people with independent self-construals», *Psychological Science* 32, n. 11, pp. 1699-1708.

6. Colbey, R. (2014), «A mile in the shoes of refugees», *Sydney Morning Herald*, 21 de junio. Disponible en: https://www.smh.com.au/politics/federal/a-mile-in-the-shoes-of-refugees-20110620-1gbsa.html [Consultado el 24 de noviembre de 2023].

7. Chen, S. y Jordan, C.H. (2020), «Incorporating ethics into brief mindfulness practice: Effects on well-being and prosocial behavior», *Mindfulness* 11, pp. 18-29.

Capítulo 3: Un superalimento para la salud mental

1. Carter, C.S. *et al.* (2020), «Is oxytocin 'nature's medicine'?», *Pharmacological Reviews* 72, n. 4, pp. 829-861.

2. Curry, O.S. *et al.* (2018), «Happy to help?: A systematic review y meta-analysis of the effects of performing acts of kindness on the well-being of the actor», *Journal of Experimental Social Psychology* 76, pp. 320-329.

3. Hamilton, D.R. (2021), «Chapter 7: How perception shapes your reality», en *Why Woo-Woo Works*, Hay House, Londres. Ver también: Bubl, E., *et al.* (2010), «Seeing gray when feeling blue?: Depression can be viewed in the eye of the diseased», *Biological Psychiatry* 68, n. 2, pp. 205-208.

4. Dunn, E.W. et al. (2008), «Spending money on others promotes happiness», *Science* 319, pp. 1687-1688.

5. Aknin, L.B. *et al.* (2013), «Making a difference matters: impact unlocks the emotional benefits of prosocial spending», *Journal of Economic Behavior & Organization* 88, pp. 90-95.

6. Musick, M.A. *et al.* (2003), «Volunteering and depression: the role of psychological and social resources in different age groups», *Social Science & Medicine* 56, n. 2, pp. S258-264.

7. «Kindness and mental health», Mental Health Foundation (2020). Disponible en: www.mentalhealth.org.uk/explore-mental-health/ kindness#:~:text=It%20helps%20reduce%20stress%2C%20 brings,feelings%20of%20confidence%20and%20optimism [Consultado el 29 de noviembre de 2023]

8. Hamilton, D.R. (2019), «Chapter 2: The benefits of kindness», en *The Little Book of Kindness*, Hay House, Londres.

9. Trew, J.L. y Alden, L.E. (2015), «Kindness reduces avoidance goals in socially anxious individuals», *Motivation and Emotion* 39, pp. 892-907.

10. Aknin, L.B., Hamlin, J.K. y Dunn, E.W. (2012), «Giving leads to happiness in young children», *PLoS ONE* 7, n. 6, e39211.

11. Layous, K. *et al.* (2012), «Kindness counts: prompting prosocial behavior in preadolescents boosts peer acceptance and well-being», *PloS ONE* 7, n. 12, e51380.

12. Sprafkin, J.N., Liebert, R.M. y Poulos, R.W. (1975), «Effects of a prosocial televised example on children's helping», *Journal of Experimental Child Psychology* 20, n. 1, pp. 119-126.

13. Buyukozer-Dawkins, M. *et al.* (2020), «Early moral cognition: a principal-based approach», en Poeppel, D. *et al.* (ed.), *The cognitive neurosciences*, MIT Press, Cambridge.

14. Perkins, N., Smith, P. y Chadwick, P. (2022), «Young children's conceptualisations of kindness: a thematic analysis», *Frontiers in Psychology* 13, A909613.

15. Dimberg, U., Thunberg, M. y Grunedal, S. (2002), «Facial reactions to emotional stimuli: Automatically controlled emotional responses», *Cognition and Emotion* 16, n. 4, pp. 449-471.

16. *Ibid.*

Capítulo 4: Lo contrario al estrés

1. Raposa, E.B., Laws, H.B. y Ansell, E.B. (2015), «Prosocial behavior mitigates the negative effects of stress in everyday life», *Clinical Psychological Science* 4, n. 4, pp. 691-698.

2. Petrovic, P. *et al.* (2008), «Oxytocin attenuates affective evaluations of conditioned faces and amygdala activity», *Journal of Neuroscience* 28, n. 26, pp. 6607-6615.

3. Lutz, A. *et al.* (2008), «Regulation of the neural circuitry of emotion by compassion meditation: effects of meditative expertise», *PloS ONE* 3, n. 3, e1897.

4. Adluru, N. *et al.* (2020), «BrainAGE and regional volumetric analysis of a Buddhist monk: a longitudinal MRI case study», *Neurocase* 26, n. 2, pp. 79-90.

5. Le Nguyen, K.D. *et al.* (2019), «Loving-kindness meditation slows biological aging in novices: evidence from a 12-week randomized controlled trial», *Psychoneuroendocrinology* 108, pp. 20-7.

6. Deing, V. *et al.* (2013), «Oxytocin modulates proliferation and stress responses of human skin cells: implications for atopic dermatitis», *Experimental Dermatology* 22, n. 6, pp. 399-405.

7. Nelson-Coffey, S.K. *et al.* (2017), «Kindness in the blood: a randomized-controlled trial of the gene regulatory impact of prosocial behavior», *Psychoneuroendocrinology* 81, pp. 8-13.

8. McClelland, D.C. y Kirshnit, C. (1988), «The effect of motivational arousal through films on salivary immunoglobulin A», *Psychology and Health* 2, n. 1, pp. 31-52.

9. Whillans, A.V. *et al.* (2016), «Is spending money on others good for your heart?», *Journal of Health Psychology* 35, n. 6, pp. 574-583.

10. Para un estudio que describa el modo en que la oxitocina actúa como antioxidante y antiinflamatorio en los vasos sanguíneos y las células inmunes, ver: Szeto, A. *et al.* (2008), «Oxytocin attenuates NADP-dependent superoxide activity and IL-6 secretion in macrophages and vascular cells», *American Journal of Physiology-Endocrinology and Metabolism* 295, E1495-E1501.

Capítulo 5: La mayoría de los héroes no llevan capa

1. Zanon, M. *et al.* (2014), «Brain activity and prosocial behavior in a simulated life-threatening situation», *Neuroimage* 98, pp. 134-146.

2. Singer, T. *et al.* (2004), «Empathy for pain involves the affective but not sensory components of pain», *Science* 30, n. 5661, pp. 1157-1162.

3. Magon, N. y Kalra, S. (2011), «The orgasmic history of oxytocin: love, lust, and labor», *Indian Journal of Endocrinology and Metabolism* 15, suppl. 3, S156-S161.

4. Carter, C.S. *et al.* (2020), «Is oxytocin 'Nature's Medicine'?», *Pharmacological Reviews* 72, n. 4, pp. 829-861.

5. Zak, P. J. (2015), «Why inspiring stories make us react: the neuroscience of narrative», *Cerebrum* 2.

6. *Ibid.*

7. Gutkowska, J., Jankowski, M. y Antunes-Rodrigues, J. (2014), «The role of oxytocin in cardiovascular regulation», *Brazilian Journal of Medical and Biological Research* 47, n. 3, pp. 206-214.

8. Grewen, K.M. *et al.* (2005), «Effects of partner support on resting oxytocin, cortisol, norepinephrine, and blood pressure before and after warm partner contact», *Psychosomatic Medicine* 67, n. 4, pp. 531-538.

9. Elabd, C. *et al.* (2014), «Oxytocin is an age-specific circulating hormone that is necessary for muscle maintenance and regeneration», *Nature Communications* 5, pp. 4082.

10. Gassanov, N. *et al.* (2008), «Functional activity of the carboxyl-terminally extended oxytocin precursor peptide during cardiac differentiation of embryonic stem cells», *Stem Cells* 26, n. 1, pp. 45-54.

11. Danalache, B.A. *et al.* (2014), «Oxytocin-gly-lys-arg stimulates cardiomyogenesis by targeting cardiac side population cells», *International Journal of Endocrinology* 220, n. 3, pp. 277-89.

12. Brody, G.H. *et al.* (2015), «Prevention effects ameliorate the prospective association between nonsupportive parenting and diminishing telomere length», *Prevention Science* 6, n. 2, pp. 171-180.

13. Nagasawa, M. *et al.* (2015), «Oxytocin-gaze positive loop and the coevolution of human-dog bonds», *Science* 348, no. 6232, pp. 333-336.

14. Friedmann, E. y Thomas, S.A. (1995), «Pet ownership, social support, and one-year survival after acute myocardial infarction in the Cardiac Arrhythmia Suppression Trial (CAST)», *The American Journal of Cardiology* 76, pp. 1213-1217.

15. Ogechi, I. *et al.* (2016), «Pet ownership and risk of dying from cardiovascular disease among adults without major chronic medical

conditions», *High Blood Pressure & Cardiovascular Prevention* 23, no. 3, pp. 245-253.

16. Zak, P. J. (2015), «Why inspiring stories make us react: the neuroscience of narrative», *Cerebrum* 2.

17. Stellar, J.E. *et al.* (2015), «Affective and physiological responses to the suffering of others: compassion and vagal activity», *Journal of Personality and Social Psychology*108, n. 4, pp. 572-585.

18. Kok, B.E. *et al.* (2013), «How positive emotions build physical health: perceived positive social connections account for the upward spiral between positive emotions and vagal tone», *Psychological Science* 24, n. 7, pp. 1123-1132.

19. Pace, T.W.W. *et al.* (2009), «Effect of compassion meditation on neuroendrocrine, innate immune and behavioral responses to psychosocial stress», *Psychoneuroimmunology* 34, pp. 87-98.

20. Tracey, K.J. (2002), «The inflammatory reflex», *Nature* 420, n. 6917, pp. 853-859.

21. De Couck, M. *et al.* (2018), «The role of the vagus nerve in cancer prognosis: a systematic and a comprehensive review», *Journal of Oncology*, identificador del artículo: 1236787.

Capítulo 6: Amabilidad a conciencia

1. AXA (2023), «Helping minds flourish». Disponible en: https://www.axa.co.uk/about/ inside-axa/helping-minds-flourish/ [Consultado el 29 de noviembre de 2023]

2. Derksen, F. *et al.* (2013), «Effectiveness of empathy in general practice: a systematic review», *British Journal of General Practice* 63, n. 606, e76-84.

3. Rakel, D. *et al.* (2011), «Perception of empathy in the therapeutic encounter: effects on the common cold», *Patient Education and Counseling* 85, n. 3, pp. 390-397.

4. Yang, N. *et al.* (2018), «Effects of doctors' empathy abilities on the cellular immunity of patients with advanced prostate cancer treated by orchiectomy: the mediating role of patients' stigma, self-efficacy, and anxiety», *Patient Preference and Adherence* 12, pp. 1305-1314.

5. Darwin, C. (2021), *El origen del hombre*, Editorial Crítica, Barcelona.

Capítulo 7: Por qué deberías ser amable contigo mismo

1. Al-Refae, M. *et al.* (2021), «A self-compassion and mindfulness-based cognitive mobile intervention (Serene) for depression, anxiety, and stress: Promoting adaptive emotional regulation and wisdom», *Frontiers in Psychology*#12, identificador del artículo: 648087.

Agradecimientos

Ante todo, quisiera darle las gracias a mi pareja, Elizabeth, por su apoyo inquebrantable mientras trabajaba en el libro. Y por los numerosos comentarios que hizo, siempre muy acertados, ¡aunque al principio no estuviera de acuerdo con ellos!

Y a nuestra perra, Daisy, cuyo espíritu juguetón y afectuoso ha sido una maravillosa distracción, en especial cuando escribía durante muchas horas seguidas. Tiene una habilidad especial para saber con exactitud cuándo necesito tomar un descanso, y, si no estoy de acuerdo, bueno, ella insiste.

Y a mis padres. No estaría aquí, ni podría hacer lo que hago, si no fuera por el amor, la amabilidad y el apoyo que me han brindado a lo largo de toda mi vida.

Me gustaría darle las gracias al increíble equipo editorial con el que he trabajado en Hay House UK: Helen Rochester y Grace Rahman, quienes llevaron este libro desde su concepción hasta su impresión. Y a todo el personal de Hay House, antiguo y actual, que me ha ayudado a sentirme parte de la familia. Gracias a mi increíble editora, Sue Lascelles, por su perspicaz guía y por ayudarme a dar forma a este libro en su versión final.

Un gran saludo a mi amigo Bryce Redford, quien también desempeñó un papel importante. Sus ideas sobre el estilo de escritura marcaron una diferencia significativa en la calidad del libro y ayudaron a que dejara de ser tan serio y evolucionara hasta tener momentos más livianos.

Y un enorme agradecimiento a aquellos amigos que leyeron los primeros borradores del libro, o algunos de los capítulos, y me ofrecieron excelentes comentarios y consejos: Angela Walker y Mary

McManus por sus consejos preocupados y amistosos sobre lo mucho que empleaba alguna palabra malsonante en la primera versión; a Ann Hutchison, Aimee Stewart, Maude Hirst y la Dra. Liza Thomas-Emrus por sus comentarios perspicaces y su amable apoyo, y a Amy Polly, quien, como maestra de *mindfulness*, me ayudó a pulir los dos primeros capítulos y me recordó con amabilidad la diferencia entre la meditación con conciencia plena y la conciencia plena en la vida.

Y gracias a Sam Wainwright de KIND Snacks UK, por enviarme algunas cajas de barritas KIND mientras trabajaba largas horas durante las últimas tres semanas de escritura.